매듭을 푸는 성모님과 함께하는 9일 기도

증보판

Novena a Maria che scioglie i nodi
Editore Shalom

ⓒ Editore Shalom – 07.10.2010 B.V.M. del Rosario
ⓒ 2008 Fondazione di Religione Santi Francesco d'Assisi e Caterina da Siena, per gentile concessione
Korean translation copyright ⓒ 2016 by ST PAULS, Seoul, Korea

매듭을 푸는 성모님과 함께하는 9일 기도 – 증보판

초판 발행일 2016. 1. 25
1판 6쇄 2024. 2. 28

엮은이 살롬 출판사
옮긴이 김영주
펴낸이 서영주

펴낸곳 성바오로
출판등록 7-93호 1992. 10. 6
주소 서울특별시 강북구 오현로7길 20(미아동)

취급처 성바오로보급소 **전화** 944-8300, 986-1361
팩스 986-1365 **통신판매** 945-2972
E-mail bookclub@paolo.net
인터넷 서점 www.**paolo**.kr

책값은 뒤표지에 있습니다.
ISBN 978-89-8015-873-7
교회인가 서울대교구 2014. 12. 2 **SSP** 1024

성경 ⓒ 한국천주교중앙협의회, 2021.

이 도서의 국립중앙도서관 출판시도서목록(CIP)은 서지정보유통지원시스템 홈페이지(http://seoji.nl.go.kr)와 국가자료공동목록시스템(http://www.nl.go.kr/kolisnet)에서 이용하실 수 있습니다. (CIP제어번호 : CIP2016001632)

이 책은 저작권법의 보호를 받으므로 무단전재와 무단복제를 금합니다.
이 책 내용의 전부 또는 일부를 재사용하려면 반드시 저작권자와 성바오로출판사의 동의를 얻어야 합니다.

매듭을 푸는 성모님과 함께하는

9일 기도

증보판

샬롬 출판사 엮음 · 김영주 옮김

성바오로

차례

1장 | 매듭을 푸는 성모님 · 9

역사 · 10

성화 설명 · 11

신심의 기원 · 14

매듭의 의미 · 15

매듭을 푸는 성모님과 함께하는 9일 기도 · 16

기도 방법 · 18

유의할 점 · 20

기도의 순서 · 22

2장 | **매듭을 푸는 성모님과
함께하는 9일 기도** · 25

9일 기도 첫째 날 · 27

9일 기도 둘째 날 · 38

9일 기도 셋째 날 · 49

9일 기도 넷째 날 · 60

9일 기도 다섯째 날 · 71

9일 기도 여섯째 날 · 82

9일 기도 일곱째 날 · 93

9일 기도 여덟째 날 · 104

9일 기도 아홉째 날 · 115

3장 | **묵주 기도** · 127

1 장

매듭을 푸는 성모님

그리스도교 예술은 처음부터 인간 정신의 깊은 신앙을 효과적으로 표현하는 도구를 형성해 왔다. 성화를 그리는 작업은 아름다움을 종합하고 신앙의 진리를 함축하는 눈부신 걸작들을 인류에게 선물했다. 그 걸작들은 색과 형태, 빛과 어둠을 통해 성화의 본래적이고 단순한 형태 안에서 세세 대대로 전해진 종교적인 믿음을 표현한다.

리본의 매듭을 푸는 성모님을 나타내는 이 그림 역시 같은 경우이다. 최근 들어 요한 멜키올 슈미트너Johann Melchior Schmidtner의 작품으로 여기게 된 이 아름다운 그림은 1700년경 한 고위 성직자의 부탁으로 완성되었고 독일 아우크스부르크 성 베드로 암 페를라흐St. Peter am Perlach 성당에 모셔져 있다.

역사

귀족 볼프강 란젠만텔은 1612년 소피 임호프와 결혼하였다. 몇 년 후 심각한 결혼 생활의 위기로 이혼을 할 지경에 이르게 된 볼프강은 도움을 받기 위하여 인골스타트(아우크스부르크 북부에서 약 70킬로미터 떨어진)수도원을 찾아갔다.

볼프강은 28일 간에 걸쳐 네 번의 다른 기회로 수도원을 찾아간 후, 예수회 사제 자콥 렘 신부와 상담을 하였다. 많은 경험 덕분에 자콥 신부는 볼프강의 상황을 '지극히 감탄하올 어머니'라는 이름의 동정 마리아께 맡겨 드려야겠다는 생각을 하게 되었다. 그 후 자콥 신부와 함께 동정 마리아께 바쳤던 기도 덕분에 볼프강의 가정에는 변화가 생기기 시작하였다.

1615년 9월 28일, 그 달의 마지막 토요일, 수도원 성당에 있는 동정 마리아 성화 앞에서 기도하고 있던 자콥 렘 신부는 란젠만텔 부부의 결혼 리본을 들어 올리며 모든 매듭이 풀리게 해 달라고 청하였다. 그러자 그대로 이루어졌다. 이 일이 있은 후, 부부는 이혼을 피하고 결혼 생활을 계속하였다.

이 이야기에서 언급되는 리본은 그 시대의 전통과 연관이 있었다. 결혼식 날 모든 신랑 신부는 수녀들이 만든 리본을 선물받았다. 혼인 성사를 거행하는 중에 신랑 신부의 모아진 손 위에 리본이 놓이게 되고 그 리본으로 그들은 하나로 묶이게 되는데, 이는 일생 동안 그들을 하나로 묶게 될 보이지 않는 매듭을 상징한다.

1700년 초 볼프강의 아들 예로니무스와 그의 손자는 감사의 의미로, 또한 그들 가정에 일어났던 일을 기억하기 위해 착한 의견의 복되신 성모님께 봉헌된 제대 위에 성화를 봉헌하기로 결정하였다.

성화 설명

그림을 그린 화가는 동정 마리아를 '부부 생활의 매듭을 푸는' 여인으로 표현한다. 그림 속의 여인은 젊고 아름답다. 여인은 붉은색 옷에, 바람에 펄럭이는 듯한 푸른색 망토를 어깨에서 옆구리까지 걸치고 있다. 그림의 윗부분에서는 성령의 상징인 비둘기를 잘 볼 수 있다. 성모님은 성령의 궁전이다!

성모님은 머리 위에 12개의 별로 된 관을 쓰고 있고 발밑에는 달이 있다. 그 발은 동시에 뱀의 머리를 짓밟고 계시다. 성모님은 원죄 없으신 분이다!

성모님의 몸가짐은 평화로우며 자신에게 맡겨진 임무, 곧 뒤엉킨 하얀 리본의 굵고 작은 매듭들을 푸는 일에 온전히 집중하고 계신다. 이 장면은 이레네오 성인이 사용한 이미지를 떠올리게 한다. 그는 아담과 그리스도와의 관계와 더불어 하와와 마리아와의 관계도 심화시켰다. 그리스도를 받아들임으로써 마리아는 구원에 필요한 자가 되었고, 마리아의 순명은 구원의 동기가 되었다. 그러나 하와는 자신의 불순종으로 죽음을 오게 하였다. 마리아는 하와의 불순종의 매듭을 풀어 생명을 가져다준다. 마리아가 그리스도를 낳았듯, 그리스도의 지체들도 생명을 낳는다. 이레네오에게 있어 마리아는 구원에 결합되어 있으며 그녀의 모태는 하느님 안에서 인간이 다시 태어나는 원천이다.

인간을 동반하는 천사들, 시중드는 자들, 하느님의 도구들도 그림의 중요 부분을 차지하고 있다. 온갖 종류의 매듭으로 묶인 리본을 왼쪽에 있는 천사가 성모님께 드리면 어느덧 매듭이 풀린 매끈한 리본이 미끄러지듯 오른쪽에 있는 천사의 손에 와 닿는다.

그밖에도 그림의 아랫부분에는 토비야의 손을 잡고 있는 대천사 라파엘이 눈에 띈다(대천사의 동반을 받아 수도원으로 향해 가는 볼프강에 대한 가벼운 언급이다). 구약 성경 토빗기는 하느님께서 대천사 라파엘('하느님께서 치유하시다'라는 뜻의 이름)을 이용하여 두 쌍의 부부를 어떻게 이끄시는지를 보여 준다. 즉 토빗과 안나, 토비야와 사라를 가족과 부부 관계에서 오는 현세의 불행에서 어

떻게 구하시는지를 보여 준다. 그들의 이야기는 온갖 힘겨운 일들로 가득한 결혼 생활의 여정을 위하여 생명력 있는 실마리들을 제공한다. 그리고 결혼 생활의 어려움과 의무만이 아니라 서로 사랑하는 데서 오는 아름다움과 기쁨을 자연스레 이야기하도록 한다.

신심의 기원

1986년 예수회 사제 호르헤 베르골리오(현재 프란치스코 교황)는 독일 유학 중 '매듭을 푸는 성모님' 성화에 매료되어 몇 장의 복사본을 아르헨티나로 가져왔다. 성 세례자 요한 성당의 본당 신부 덕분에 이 그림은 큰 관심을 받게 되었고 새로운 신심, 곧 '매듭을 푸는 성모님'에 대한 신심이 생기게 되었다. 그 후 이 신심은 전 세계 다른 나라들로 빠르게 전파되었다.

오늘날 이 신심은 가족 특히 부부들의 삶이라는 측면을 넘어, 하느님과 형제들을 사랑하는 데 마음을 열지 못하도록 방해하는 인생의 모든 어려운 매듭들에도 관심을 두고 있다.

매듭의 의미

여기서 매듭이란 우리가 자주, 오랜 시간 동안 갖고 있으면서 어떻게 풀어야 할지 모르는 모든 문제들을 말한다. 즉 어떻게 풀어야 할지 모르는 문제들, 우리를 하느님과의 관계에서 끊어 놓고 하느님을 우리 삶 안에 받아들이지 못하게 하고, 어린아이처럼 그분의 두 팔에 안기지 못하게 하는 죄들, 겸손하게 우리 자신을 사랑하고 진정으로 가족들을 사랑하며 "내가 너희를 사랑한 것처럼 너희도 서로 사랑하여라."(요한 13,34 참조) 하신 예수님의 계명을 실천하지 못하게 하는 모든 원한들을 말한다.

매듭의 종류는 계속해서 더 나열할 수도 있다. 우리 영혼을 숨 막히게 하고 우리를 넘어뜨리며 마음에서 기쁨과 삶에 대한 의지를 없애는 매듭들이 많이 있기 때문이다.

동정 마리아께서 우리 각자를 만나러 오신다. 우리가 성모님께 모든 매듭을 드리면 그분께서 매듭들을 하나하나 풀어 주실 것이다. 성모님은 당신의 모성적 사랑으로 아직 순례 중이며 위험과 괴로움 가운데 있는 당신 아드님의 형제들이 복된 고향에 다다를 때까지 돌보시는 분이시기 때문이다.

'매듭을 푸는' 성모님의 위대하심에 우리 자신을 내어 맡기자. 하느님께서 우리를 위하여 준비하신 놀라운 일들을 성모님께서 보여 주시도록 우리 자신을 내어 드리자.

매듭을 푸는 성모님과 함께하는 9일 기도

'매듭을 푸는 성모님과 함께하는 9일 기도'로 우리는 하느님 곁에서 우리의 특별한 지향을 중재해 달라고 성모님께 청하며, 겸손되이 하늘의 문을 두드린다. 이는 결코 마술적인 주문이 아니다. 이는 오히려 도움이 필요한 사람이, 아들 예수님 곁에서 중재의 놀라운 능력으로 우리 인생의 매듭을 풀어주시는 분께 믿음을 갖고 드리는 계속적인 호소이며 내어 맡김이다. "마리아께서는 당신 아드님과, 원의와 필요와 고통의 현실 안에서 살아가는 인간들 사이에 계십니다. 마리아께서는 방관자가 아니라 어머니의 위치에서 중재자로 행동하시며 그 '한가운데'에 계시는 것입니다. 마리아께서는 자신이 중재자로서 당신 아드님에게 인간의 요구를 알려 줄 수 있다는 점을 알고 계시며, 실제로 그렇게 할 '권리를 가지고 계십니다.'"(요한 바오로 2세의 회칙, 「구세주의 어머니」 21항) 성모님은 이처럼 우리 구원의 신비 안에 살고 계신다. 그분은 어머니로서 아드님 곁에서 중재하시고, 전구로서 삶의 매듭들이 풀리도록 협력하시며, 우리의 슬픈 현실이 구원의 기쁨으로 바뀌게 하신다.

성모님은 우리의 인간 조건을 나누시면서 모든 약함을 함께 아파하실 수 있는 분이시다. 죄를 모르면서도 죄인을 이해하시고 어머니의 사랑으로 그를 사랑하신다. "도움이 필요할 때 거룩하신 성모님의 두 팔 안에 뛰어드십시오. 자비로운 어머니께 달려가듯 성모님께 달려가십시오. 그리고 불안해하지 말고, 정신을 잃지 말며, 그분을 신뢰하십시오."(십자가의 성 바오로)

성모님께 드리는 가장 오래된 기도는 이 인식을 깊이 있게 표현한다. "당신의 보호 아래 저희가 숨나이다. 오, 거룩하신 하느님의 어머니 어려울 때 드리는 저희의 기도를 물리치지 마소서. 또한 온갖 악에서 항상 저희를 구하소서."

여인이시며, 신부, 어머니, 과부이신 성모님, 아드님의 죽음으로 가슴을 칼에 찔리신 성모님 보다 누가 더 복잡한 매듭을 잘 풀도록 우리를 도울 수 있으며, 부활하신 주님께서 선물하신 새로운 삶으로 인도할 수 있겠는가?

이렇듯 자애로운 어머니께 우리의 고뇌와 매듭들을 맡기자. 그러면 그때부터 모든 것이 바뀔 것이다. 우리의 일상생활이 축제로, 놀라움으로, 한없는 기쁨으로 바뀔 것이다.

기도 방법

우리의 기도가 효과적일 수 있기 위해 가장 좋은 첫 번째 자세는 은총의 상태에 있는 것이다. 그렇지 못하다면, 적어도 화해의 성사를 통해 되도록 빨리 다시 은총의 상태에 있기를 바라는 것이다.

한 번의 9일 기도가 하나의 매듭을 푼다. 그러므로 '매듭을 푸는 성모님과 함께하는 9일 기도'를 한 번 드릴 때 우리 삶의 여러 매듭들 중 하나의 매듭을 위하여 기도해야 한다.

다른 누군가를 위하여 9일 기도를 드릴 수 있다. 그 사람을 괴롭히는 어떤 매듭이 9일 기도를 하는 사람에게까지 고통으로 여겨진다면 말이다. 다시 말하면 다른 사람의 매듭이 성모님께 청하여 풀어야 할 우리 삶의 매듭이 될 수도 있다는 인식을 가지고 그를 위해 기도할 수 있다는 말이다.

우선 9일 기도는 '시작 기도'로 시작한다. 특별히 중요한 점은 잠시 양심 성찰의 시간을 갖는 것이다. 겸손한 자세로 우리가 범한 죄에 대해 용서를 청하고, 다시는 죄를 짓지 않을 것을 굳게 결심하는 것이다.

다음으로 이 9일 기도에는 묵주 기도가 포함된다. 묵주 기도를 통하여 성모님께서는 믿는 이로 하여금 자신의 정체성을 발견하도록 이끄실 것이다. 성모님께서는 당신이 몸소 걸으셨던 믿음의 여정을 통하여 우리도 구원 신비를 다시 살아가며 우리의 삶이 예수님의 삶과 같아지도록 인도하신다. 성모님께서 '묵주 기도의 성모님'이라는 이름으로 파티마에 발현하신 것은 우연이 아니었다. 피에트렐치나의 비오 신부님은 왜 매일 그렇게 많은 묵주 기도를 바치는지를 묻는 이에게 이렇게 대답하였다. "성모님께서 발현하실 때마다 묵주 기도를 바칠 것을 간곡히 부탁하셨다면, 거기엔 특별한 이유가 있을 것 같지 않아요?" 파티마의 루치아 또한 확신하며 말했다. 이 고통스러운 세상에서 "모든 이가 매일 묵주 기도를 바친다면 성모님께서 기적을 일으키실 겁니다."

묵주 기도 1, 2, 3단을 바친 다음에는 매일의 **9일 기도**로 넘어간다. 매일의 9일 기도 안에는 성모님께서 풀어 주시기를 탄원하는 구체적인 매듭이 있다. 그 매듭을 풀기 위해 우리가 9일 기도를 바치는 것이다. 9일 기도를 바치는 사람은 누구나 풀어야 할 매듭을 정하고 그것을 성모님께 보여 드려야 한다. 주된 매듭에 더 분명하게 이르기 위해 단순한 매듭으로 시작하는 것이 좋다. 9일 기도에서 제시하는 **말씀을 묵상**한다. 우리 삶의 매듭이 하나씩 풀릴 것이다.

이제 **묵주 기도 4, 5단**을 바치고 성모 찬송과 성모 호칭 기도를 바친다.

'마침 기도'로 끝을 맺는다.

9일 기도가 효력이 있고 바라는 열매를 거둘 수 있기 위해서는 겸손과 신뢰, 그리고 기도를 들어주신다는 흔들리지 않는 희망이 필요하다. 그렇게 함으로써 하느님께 영광을 드리고 우리의 참된 행복을 얻을 수 있다고 생각한다면 말이다. 항구함 역시 필요하다. 우리는 지치지 않고 기도해야 한다. 하느님께서 우리의 기도를 곧바로 들어주지 않으시더라도 기도를 계속해야 하며, 오히려 더 큰 열정을 가지고 기도해야 한다. 주님께서는 끈질긴 기도를 기뻐하신다. 무엇보다 중요한 것은 동정 성모님께서 매 순간 우리의 조언자, 변호인, 중재자이심을 의식하는 것이다.

유의할 점

거룩한 교회가 가르치는 바와 같이 영성 생활, 신심 수련 그리고 신심 행위들은 성사 생활과 밀접하게 연결되어 있으며, 주님의 은총에 합당할수록 그만큼 효과적이며 풍요로울 수 있다. 9일 기도를 드리는 동안 하느님께 우리의 죄를 용서받기 위하여 고해성사를 보고, 가능한 한 매일 미사에 참석해 모든 그리스도인 삶의 원천이며 절정인 거룩한 성체를 받아 모실 것을 권한다. 그밖에도 9일 기도를 바치는 동안 매일 다음 사항을 지키기를 바란다.

- 지극히 거룩하신 삼위일체를 찬양하고 감사드린다. 아버지이신 하느님께서 세상을 창조하셨으니 감사드리나이다. 아드님이신 하느님께서 세상을 구원하셨으니 감사드리나이다. 성령이신 하느님께서 세상을 거룩하게 하시니 감사드리나이다.
- 언제나 누구든지 용서한다.
- 열심하고 항구하게 개인과 가족 그리고 공동체를 위하여 기도한다.
- 애덕을 실천한다.
- 하느님의 뜻에 내어 맡긴다.

이러한 방법을 통해 우리는 진정한 그리스도인의 삶을 경험할 수 있다. 하느님 은총의 샘에 도달해, 그 은총에 충실하고 합당하게 살며, 하느님의 은혜를 체험하고 매일의 삶을 양육하는 축복과 위로를 받는다. 흔들리지 않고 믿는다면 매듭을 푸는 성모님과 함께하는 9일 기도는 큰 효력이 있다. 고통, 병, 고뇌, 윤리적 파괴, 가족 문제, 결혼 생활의 위기, 실업 등의 어려운 시기를 이겨 내게 할 것이다. 또한 어려운 선택을 결정하도록 비추임을 받고, 치유와 위로를 받으며, 매일의 크고 작은 어려움 속에서도 도움을 청할 수 있게 된다. 그뿐만 아니라 끊임없이 베푸시는 주님의 한없는 은총에 감사드리게 될 것이다.

기도의 순서

1) 시작 기도
- 성령 송가
- 사도신경
- 통회기도
- 매듭을 푸는 성모님께

2) 묵주 기도 (각 요일에 해당하는 신비를 바친다)
- 1단
- 2단
- 3단

3) 9일 기도 (각 날짜에 해당하는 9일 기도를 바친다)

- 첫째 날
- 둘째 날
- 셋째 날
- 넷째 날
- 다섯째 날
- 여섯째 날
- 일곱째 날
- 여덟째 날
- 아홉째 날

4) **묵주 기도** (각 요일에 해당하는 신비를 바친다)

- 4단
- 5단
- 성모 찬송
- 성모 호칭 기도

5) **마침 기도**

- 매듭을 푸는 하느님의 어머니께
- 매듭을 푸는 성모님께 드리는 기도
- 매듭을 푸는 성모님께 드리는 감사 기도

2 ^장

매듭을 푸는 성모님과 함께하는 9일 기도

성모님께 우리 삶의 매듭을 풀어 달라고 청할 때마다 이 기도를 9일 동안 항구하게 중단 없이 연속해서 바친다.

9일 기도 첫째 날

1) 시작 기도

기도를 시작하면서 위로자이신 성령을 보내 주시기를 우리 주님이신 그리스도를 통하여 하느님 아버지께 청한다. 성령께서는 기도하는 법을 가르치시는 내적 스승이시다. "성령에 힘입지 않고서는 아무도 '예수님은 주님이시다.' 할 수 없습니다."(1코린 12,3) 교회는 매일, 특별히 모든 중요한 일을 시작하고 마칠 때 성령을 청하도록 우리를 초대한다.

(십자 성호를 그으며)
성부와 성자와 성령의 이름으로 아멘.

성령 송가

오소서, 성령님. 주님의 빛, 그 빛살을 하늘에서 내리소서.
가난한 이 아버지, 오소서 은총 주님, 오소서 마음의 빛.
가장 좋은 위로자, 영혼의 기쁜 손님, 저희 생기 돋우소서.
일할 때에 휴식을, 무더위에 시원함을, 슬플 때에 위로를.

영원하신 행복의 빛, 저희 마음 깊은 곳을 가득하게 채우소서.
주님 도움 없으시면, 저희 삶의 그 모든 것, 해로운 것뿐이리라.
허물들은 씻어 주고, 메마른 땅 물 주시고, 병든 것을 고치소서.
굳은 마음 풀어 주고, 차디찬 맘 데우시고, 빗나간 길 바루소서.
성령님을 굳게 믿고, 의지하는 이들에게, 성령 칠은 베푸소서.
덕행 공로 쌓게 하고, 구원의 문 활짝 열어, 영원 복락 주옵소서.
아멘.

사도신경

전능하신 천주 성부
천지의 창조주를 저는 믿나이다.
그 외아들 우리 주 예수 그리스도님
성령으로 인하여 동정 마리아께 잉태되어 나시고
본시오 빌라도 통치 아래서 고난을 받으시고
십자가에 못 박혀 돌아가시고 묻히셨으며
저승에 가시어 사흘날에 죽은 이들 가운데서 부활하시고
하늘에 올라 전능하신 천주 성부 오른편에 앉으시며
그리로부터 산 이와 죽은 이를 심판하러 오시리라 믿나이다.
성령을 믿으며

거룩하고 보편된 교회와 모든 성인의 통공을 믿으며
죄의 용서와 육신의 부활을 믿으며
영원한 삶을 믿나이다. 아멘.

성령 송가와 사도신경을 바친 후에 잠시 양심 성찰을 한다. 어떤 큰 죄가 양심을 괴롭힌다면 가능한 빨리 고해성사를 본다. 우리는 하느님의 자비가 필요한 사람임을 인정하고 겸손되이 우리 죄의 용서를 청하고 다시는 죄를 짓지 않겠다고 굳게 결심한다.

통회기도

하느님,
제가 죄를 지어
참으로 사랑받으셔야 할
하느님의 마음을 아프게 하였기에
악을 저지르고 선을 멀리한 모든 잘못을
진심으로 뉘우치나이다.
하느님의 은총으로 속죄하고
다시는 죄를 짓지 않으며
죄지을 기회를 피하기로 굳게 다짐하오니

우리 구세주 예수 그리스도의 수난 공로를 보시고

저에게 자비를 베풀어 주소서. 아멘

매듭을 푸는 성모님께

매듭을 푸시는 우리의 성모님,

당신께서는 제 삶이 매듭들로 가득하다는 것을 알고 계십니다.

그 매듭들은 제 숨을 막고,

저를 무너뜨리고, 억압하며 노예로 만듭니다.

당신께 신뢰하며 의탁하오니 저의 매듭들을 풀어 주소서.

당신의 힘 있는 전구로

주님께서 저에게 마음의 평화와 영육의 건강을 허락하시고

저를 한없는 기쁨으로 인도하게 하소서.

성모님, 제가 악의 유혹에 떨어지지 않도록 지켜 주소서.

모든 종살이와 두려움 그리고 불안에서 저를 자유롭게 하소서.

올바른 길을 걷고 오류에 떨어지지 않도록 은총을 부어 주소서.

오늘 저의 매듭들을 풀어 주소서. 그리고 저의 때가 이르면 죽음의 마지막 매듭을 풀어 주소서. 그리하여 마침내 제가 모든 죄악으로부터 온전히 해방되어 영원한 행복에 이르게 하소서. 아멘.

2) **묵주 기도 1, 2, 3단**(127~150쪽의 각 요일에 해당하는 신비)**을 바친다.**

3) 9일 기도

하느님께서는 가브리엘 천사를 갈릴래아 지방 나자렛이라는 고을로 보내시어, 다윗 집안의 요셉이라는 사람과 약혼한 처녀를 찾아가게 하셨다. 그 처녀의 이름은 마리아였다. 천사가 마리아의 집으로 들어가 말하였다. "은총이 가득한 이여, 기뻐하여라. 주님께서 너와 함께 계시다." (루카 1,26-28)

청원

은총이 가득하신 성모님, 하느님 앞에 계신 당신께서 제가 청하는 바를 얻어 주실 것을 믿나이다. 당신은 어머니이시니 저의 기도를 들어주소서. 청하오니 저의 나약함을 보소서. 제가 도무지 어찌할 수 없을 때 당신께서 그 나약함을 치유할 약을 가지고 계심을 알고 있나이다. 은총이 충만하신 성모님, 당신 자녀들의 숨을 막는 매듭들을 풀어 주소서. 저를 향해 당신 손을 펼치소서. 오늘 당신께 이 매듭(   )을 드리나이다. 이 매듭이 제 삶에 남긴 모든 불행한 결과들도 드리나이다. 당신께 이 매듭(   )을 드리나이다. 이 매듭으로 인해 저는 고통을 겪고 있으며 하느님 안에서 평화롭게 살아가지 못하나이다.

  매듭을 푸시는 성모님, 당신께 의지하나이다. 당신의 보호와 도움을 간청하는 누구라도 당신께서는 버리지 않으시니, 지극히 사랑하올 아드님 예수께서 주시는 힘으로 이 매듭을 풀어 주소서. 당신은 저의 어머니이시니 이 매듭을 풀어 주실 것을 믿나이다. 하느님의 사랑으로 저를 사랑하시는 당신께서 이 일을 하실 것을 압니다. 사랑하올 나의 어머니 감사드리나이다.

착한 의견의 어머니이신 성모님,
저를 방해하는 이 매듭(　)을 받으소서.
당신 손의 힘으로 이 매듭을 풀어 주소서.

매듭을 푸는 성모님, 저를 위하여 빌어 주소서.

4) 묵주 기도 4, 5단(127~150쪽의 각 요일에 해당하는 신비)**을 바친다.**

5) 마침 기도

매듭을 푸는 하느님의 어머니께

매듭을 푸시는 우리의 어머니, 당신의 보호를 바라고 도움을 간청하는 자를 당신께서는 결코 외면하지 않으시나이다. 이 믿음에 힘입어 당신께 달려드나이다. 동정녀들의 동정녀이신 어머니, 뉘우치는 죄인인 제가 당신 앞에 와 엎드리나이다. 예수 그리스도의 어머니, 저의 기도를 외면하지 마시고 자비로운 마음으로 들어 허락하소서.

당신은 우리의 모든 매듭을 푸는 분이시나이다!

하느님 사랑 가득한 당신 손으로 우리의 발걸음에 놓인 장애물들을 매듭을 풀듯 풀어 주소서. 하느님 사랑으로 당신 손에서 그것들이 구김 없는 리본으로, 평평한 길로 변화되게 하소서.

이제 연민 가득한 당신 눈길로 저를 바라보소서. 얼마나 많은 매듭들이 저의 삶을 숨 막히게 하는지 보소서. 당신은 저의 아픔과 고통을 아시나이다. 이 매듭들이 얼마나 저의 몸과 마음을 굳게 하는지도 아시나이다.

성모 마리아님, 하느님의 어머니시며 은총이 가득한 동정녀시여, 하느님께서 당신 자녀들 삶의 매듭들을 풀도록 책임을 맡기셨으니 오늘 당신 손 안에 매듭들을 드리나이다.

- 모든 물질적 어려움과 가족 문제, 학업, 직업, 영성적 문제들
- 오래전부터 나를 괴롭히고 있지만 어떻게 해결해야 할지 모르는 문제들
- 해결책이 보이지 않게 가로막혀 있거나 뒤엉켜 풀 수 없는 상황들
- 가족 간의 다툼, 부모 자식 간의 몰이해, 존경심의 부재, 폭력
- 부부 간의 원한과 아픔, 가정 안에 평화와 기쁨의 부재
- 헤어진 부부들의 고뇌와 좌절, 가족 간의 불화
- 자식의 마약 중독, 병에 걸림, 가출, 하느님으로부터 멀어짐
- 알코올 중독, 우리 자신의 악습들, 우리가 사랑하는 이들의 악습들
- 타인으로부터 받은 상처들
- 우리를 고통스럽게 괴롭히는 원한
- 죄책감, 유산, 병, 실업, 두려움, 불화, 실패, 빚짐, 슬픔, 이혼, 재정적 걱정, 스트레스, 고독
- 신비술, 마술, 미신, 불신앙, 교만, 우리 삶의 죄들
- 자존심으로 인해 생긴 매듭들
- 자유롭게 살고 관대하게 사랑할 수 없게 하는 우리의 마음

성모님, 당신 손 안에 풀리지 못할 매듭은 단 하나도 없나이다. 구원자이신 당신의 아드님 예수님 곁에서 중재하시는 능력으로 오늘 특별히 이 매듭(   )을 받으소서. 하느님의 영광을 위하여 이 매듭을 영원히 풀어 주실 것을 청하나이다. 하느님께서 주신 유일한 위로자이신 당신께 저의 희망을 두나이다. 당신은 저의 연약함에 강인함이시고, 저의 보잘것없음에 부요함이시며, 그리스도와의 일치를 막는 모든 것들에 대한 자유로움이시나이다. 저의 호소를 받아 주소서. 저를 바라보시고, 인도하시며 보호하소서. 당신은 유일하고 안전한 피난처이시나이다. 매듭을 푸시는 성모님, 이제와 우리 죽을 때 당신의 아들 우리 주 예수 그리스도께 저를 위하여 빌어 주소서. 아멘.

매듭을 푸는 성모님께 드리는 기도

그리스도의 어머니이시며 교회의 어머니이신 성모님, 모든 이들과 가정의 여왕이신 분, 당신께서는 죄의 멍에를 부수신 하느님의 아들을 잉태하셨나이다. 저희가 하느님의 자녀들이 누리는 참된 자유에 머물 수 있도록 은총을 얻어 주소서.

순결한 동정녀이시며 평화의 모후이신 당신의 거룩한 손으로 우리의 삶을 슬프고 어지럽게 하는 뒤엉킨 매듭들을 풀어 주소서. 저희가 순수하고 단순한 마음으로 선한 것에 봉사하며, 언제든지 용서하고 화해할 수 있도록 도우소서. 그리스도의 사랑 안에서 그리스도를 그 누구보다도 사랑하며 진실한 마음으로 우리 형제들을 사랑하게 하소서. 아멘.

매듭을 푸는 성모님께 드리는 감사 기도

매듭을 푸시는 성모님, 기쁨과 감사 넘치는 영혼으로 받은 은혜에 감사드리려 당신께 돌아왔나이다. 저는 온전히 당신의 것이기를 바라나이다. 제가 교회 안에서 당신과 함께 예수님께 온전히 충실하도록 도와주소서.

거룩한 동정녀시여, 자애로운 마음으로 언제나 저의 손을 잡으시고 예수님을 사랑하도록 제 마음을 이끌어 주시니 감사드리나이다. 모든 평화와 은총의 샘이신 하느님 안에서만 저의 선익을 찾도록 가르치시니 감사드리나이다. 영원으로부터 저를 위하여 세우신 계획을 이루기 위해 하느님의 뜻만 실행할 것을 열망하도록 가르치시니 감사드리나이다.

예수님과 함께 예수님을 위하여 살도록 가르치시니 감사드리나이다.

제가 넘어지더라도 용서와 기쁨의 성사를 통하여 예수님께 돌아가도록 도와주시니 감사드리나이다. 거룩한 동정녀시여, 이러한 제 마음속 하느님의 평화로 모든 이에게 참기쁨과 평화를 가져다줄 수 있겠나이다. 당신의 아드님께서 우리가 그분을 만나도록 남기신 표지인 모든 성사들에 대한 큰 사랑을 저에게 주소서. 성모님, 저의 가정을 보호해 주시니 감사드리나이다. 저의 가정이 언제나 하나로 일치하고 하느님의 무한한 사랑 안에 굳건하게 하소서.

성모님, 저의 가정에 필요한 영적 물질적 은혜들을 나누어 주시고, 특별히 믿음과 소망과 사랑이 자라게 하시니 감사드리나이다. 저에게 이 9일 기도의 힘을 알게 해 주셨으니 감사드리나이다. 아멘.

(십자 성호를 그으며)
성부와 성자와 성령의 이름으로 아멘.

9일 기도 둘째 날

1) 시작 기도

기도를 시작하면서 위로자이신 성령을 보내 주시기를 우리 주님이신 그리스도를 통하여 하느님 아버지께 청한다. 성령께서는 기도하는 법을 가르치시는 내적 스승이시다. "성령에 힘입지 않고서는 아무도 '예수님은 주님이시다.' 할 수 없습니다."(1코린 12,3) 교회는 매일, 특별히 모든 중요한 일을 시작하고 마칠 때 성령을 청하도록 우리를 초대한다.

(십자 성호를 그으며)
성부와 성자와 성령의 이름으로 아멘.

성령 송가

오소서, 성령님. 주님의 빛, 그 빛살을 하늘에서 내리소서.
가난한 이 아버지, 오소서 은총 주님, 오소서 마음의 빛.
가장 좋은 위로자, 영혼의 기쁜 손님, 저희 생기 돋우소서.
일할 때에 휴식을, 무더위에 시원함을, 슬플 때에 위로를.

영원하신 행복의 빛, 저희 마음 깊은 곳을 가득하게 채우소서.
주님 도움 없으시면, 저희 삶의 그 모든 것, 해로운 것뿐이리라.
허물들은 씻어 주고, 메마른 땅 물 주시고, 병든 것을 고치소서.
굳은 마음 풀어 주고, 차디찬 맘 데우시고, 빗나간 길 바루소서.
성령님을 굳게 믿고, 의지하는 이들에게, 성령 칠은 베푸소서.
덕행 공로 쌓게 하고, 구원의 문 활짝 열어, 영원 복락 주옵소서.
아멘.

9일 기도 | 둘째 날

사도신경

전능하신 천주 성부
천지의 창조주를 저는 믿나이다.
그 외아들 우리 주 예수 그리스도님
성령으로 인하여 동정 마리아께 잉태되어 나시고
본시오 빌라도 통치 아래서 고난을 받으시고
십자가에 못 박혀 돌아가시고 묻히셨으며
저승에 가시어 사흗날에 죽은 이들 가운데서 부활하시고
하늘에 올라 전능하신 천주 성부 오른편에 앉으시며
그리로부터 산 이와 죽은 이를 심판하러 오시리라 믿나이다.
성령을 믿으며

거룩하고 보편된 교회와 모든 성인의 통공을 믿으며
죄의 용서와 육신의 부활을 믿으며
영원한 삶을 믿나이다. 아멘.

성령 송가와 사도신경을 바친 후에 잠시 양심 성찰을 한다. 어떤 큰 죄가 양심을 괴롭힌다면 가능한 빨리 고해성사를 본다. 우리는 하느님의 자비가 필요한 사람임을 인정하고 겸손되이 우리 죄의 용서를 청하고 다시는 죄를 짓지 않겠다고 굳게 결심한다.

통회기도

하느님,
제가 죄를 지어
참으로 사랑받으셔야 할
하느님의 마음을 아프게 하였기에
악을 저지르고 선을 멀리한 모든 잘못을
진심으로 뉘우치나이다.
하느님의 은총으로 속죄하고
다시는 죄를 짓지 않으며
죄지을 기회를 피하기로 굳게 다짐하오니

우리 구세주 예수 그리스도의 수난 공로를 보시고
저에게 자비를 베풀어 주소서. 아멘

매듭을 푸는 성모님께

매듭을 푸시는 우리의 성모님,
당신께서는 제 삶이 매듭들로 가득하다는 것을 알고 계십니다.
그 매듭들은 제 숨을 막고,
저를 무너뜨리고, 억압하며 노예로 만듭니다.
당신께 신뢰하며 의탁하오니 저의 매듭들을 풀어 주소서.
당신의 힘 있는 전구로
주님께서 저에게 마음의 평화와 영육의 건강을 허락하시고
저를 한없는 기쁨으로 인도하게 하소서.
성모님, 제가 악의 유혹에 떨어지지 않도록 지켜 주소서.
모든 종살이와 두려움 그리고 불안에서 저를 자유롭게 하소서.
올바른 길을 걷고 오류에 떨어지지 않도록 은총을 부어 주소서.
오늘 저의 매듭들을 풀어 주소서. 그리고 저의 때가 이르면 죽음의 마지막 매듭을 풀어 주소서. 그리하여 마침내 제가 모든 죄악으로부터 온전히 해방되어 영원한 행복에 이르게 하소서.
아멘.

2) 묵주 기도 1, 2, 3단(127~150쪽의 각 요일에 해당하는 신비)**을 바친다.**

3) 9일 기도

"두려워하지 마라, 마리아야. 너는 하느님의 총애를 받았다."(루카 1,30)

청원

자애로우신 어머니, 하느님 곁에서 은총을 입으신 당신께 제 마음 향하나이다. 온 천지가 놀라는 중에 천사의 인사를 받으신 당신께서 세상의 창조주를 낳으셨나이다. 평생 동정이신 성모 마리아님, 죄인인 저를 가엾이 여기소서. 교만, 야망, 비방, 질투, 분노, 탐욕, 유혹의 물결이 저를 덮치나이다.

매듭을 푸시는 성모님, 간구하오니 저를 위하여 당신 아드님께 빌어 주시어 마음의 순결, 이탈, 겸손, 의탁, 하느님께 대한 신뢰를 얻게 하소서. 오늘 당신께 대한 사랑의 증거로 이 덕들 중에 한 가지라도 실천할 것을 약속하나이다. 성모님, 당신 손에 이 매듭(   )을 다시 드리오니 저의 간청을 외면하지 마시고 자비로이 들으시어 허락하여 주소서.

하느님의 어머니시며 저의 어머니이신 성모님, 예수님께 대한 사랑의 불꽃이 제 안에 타오르게 하소서.

착한 의견의 어머니이신 성모님,
저를 방해하는 이 매듭(   )을 받으소서.
당신 손의 힘으로 이 매듭을 풀어 주소서.

매듭을 푸는 성모님, 저를 위하여 빌어 주소서.

4) 묵주 기도 4, 5단(127~150쪽의 각 요일에 해당하는 신비)**을 바친다.**

5) 마침 기도

매듭을 푸는 하느님의 어머니께

매듭을 푸시는 우리의 어머니, 당신의 보호를 바라고 도움을 간청하는 자를 당신께서는 결코 외면하지 않으시나이다. 이 믿음에 힘입어 당신께 달려드나이다. 동정녀들의 동정녀이신 어머니, 뉘우치는 죄인인 제가 당신 앞에 와 엎드리나이다. 예수 그리스도의 어머니, 저의 기도를 외면하지 마시고 자비로운 마음으로 들어 허락하소서.

당신은 우리의 모든 매듭을 푸는 분이시나이다!

하느님 사랑 가득한 당신 손으로 우리의 발걸음에 놓인 장애물들을 매듭을 풀듯 풀어 주소서. 하느님 사랑으로 당신 손에서 그것들이 구김 없는 리본으로, 평평한 길로 변화되게 하소서.

이제 연민 가득한 당신 눈길로 저를 바라보소서. 얼마나 많은 매듭들이 저의 삶을 숨 막히게 하는지 보소서. 당신은 저의 아픔과 고통을 아시나이다. 이 매듭들이 얼마나 저의 몸과 마음을 굳게 하는지도 아시나이다.

성모 마리아님, 하느님의 어머니시며 은총이 가득한 동정녀시여, 하느님께서 당신 자녀들 삶의 매듭들을 풀도록 책임을 맡기셨으니 오늘 당신 손 안에 매듭들을 드리나이다.

- 모든 물질적 어려움과 가족 문제, 학업, 직업, 영성적 문제들
- 오래전부터 나를 괴롭히고 있지만 어떻게 해결해야 할지 모르는 문제들
- 해결책이 보이지 않게 가로막혀 있거나 뒤엉켜 풀 수 없는 상황들
- 가족 간의 다툼, 부모 자식 간의 몰이해, 존경심의 부재, 폭력
- 부부 간의 원한과 아픔, 가정 안에 평화와 기쁨의 부재
- 헤어진 부부들의 고뇌와 좌절, 가족 간의 불화

- 자식의 마약 중독, 병에 걸림, 가출, 하느님으로부터 멀어짐
- 알코올 중독, 우리 자신의 악습들, 우리가 사랑하는 이들의 악습들
- 타인으로부터 받은 상처들
- 우리를 고통스럽게 괴롭히는 원한
- 죄책감, 유산, 병, 실업, 두려움, 불화, 실패, 빚짐, 슬픔, 이혼, 재정적 걱정, 스트레스, 고독
- 신비술, 마술, 미신, 불신앙, 교만, 우리 삶의 죄들
- 자존심으로 인해 생긴 매듭들
- 자유롭게 살고 관대하게 사랑할 수 없게 하는 우리의 마음

성모님, 당신 손 안에 풀리지 못할 매듭은 단 하나도 없나이다. 구원자이신 당신의 아드님 예수님 곁에서 중재하시는 능력으로 오늘 특별히 이 매듭(   )을 받으소서. 하느님의 영광을 위하여 이 매듭을 영원히 풀어 주실 것을 청하나이다. 하느님께서 주신 유일한 위로자이신 당신께 저의 희망을 두나이다. 당신은 저의 연약함에 강인함이시고, 저의 보잘것없음에 부요함이시며, 그리스도와의 일치를 막는 모든 것들에 대한 자유로움이시나이다. 저의 호소를 받아 주소서. 저를 바라보시고, 인도하시며 보호하소서. 당신은 유일하고 안전한 피난처이시나이다. 매듭을

푸시는 성모님, 이제와 우리 죽을 때 당신의 아들 우리 주 예수 그리스도께 저를 위하여 빌어 주소서. 아멘.

매듭을 푸는 성모님께 드리는 기도

그리스도의 어머니이시며 교회의 어머니이신 성모님, 모든 이들과 가정의 여왕이신 분, 당신께서는 죄의 멍에를 부수신 하느님의 아들을 잉태하셨나이다. 저희가 하느님의 자녀들이 누리는 참된 자유에 머물 수 있도록 은총을 얻어 주소서.
순결한 동정녀이시며 평화의 모후이신 당신의 거룩한 손으로 우리의 삶을 슬프고 어지럽게 하는 뒤엉킨 매듭들을 풀어 주소서. 저희가 순수하고 단순한 마음으로 선한 것에 봉사하며, 언제든지 용서하고 화해할 수 있도록 도우소서. 그리스도의 사랑 안에서 그리스도를 그 누구보다도 사랑하며 진실한 마음으로 우리 형제들을 사랑하게 하소서. 아멘.

매듭을 푸는 성모님께 드리는 감사 기도

매듭을 푸시는 성모님, 기쁨과 감사 넘치는 영혼으로 받은 은혜에 감사드리려 당신께 돌아왔나이다. 저는 온전히 당신의 것이

기를 바라나이다. 제가 교회 안에서 당신과 함께 예수님께 온전히 충실하도록 도와주소서.

거룩한 동정녀시여, 자애로운 마음으로 언제나 저의 손을 잡으시고 예수님을 사랑하도록 제 마음을 이끌어 주시니 감사드리나이다. 모든 평화와 은총의 샘이신 하느님 안에서만 저의 선익을 찾도록 가르치시니 감사드리나이다. 영원으로부터 저를 위하여 세우신 계획을 이루기 위해 하느님의 뜻만 실행할 것을 열망하도록 가르치시니 감사드리나이다.

예수님과 함께 예수님을 위하여 살도록 가르치시니 감사드리나이다.

제가 넘어지더라도 용서와 기쁨의 성사를 통하여 예수님께 돌아가도록 도와주시니 감사드리나이다. 거룩한 동정녀시여, 이러한 제 마음속 하느님의 평화로 모든 이에게 참기쁨과 평화를 가져다줄 수 있겠나이다. 당신의 아드님께서 우리가 그분을 만나도록 남기신 표지인 모든 성사들에 대한 큰 사랑을 저에게 주소서. 성모님, 저의 가정을 보호해 주시니 감사드리나이다. 저의 가정이 언제나 하나로 일치하고 하느님의 무한한 사랑 안에 굳건하게 하소서.

성모님, 저의 가정에 필요한 영적 물질적 은혜들을 나누어 주시고, 특별히 믿음과 소망과 사랑이 자라게 하시니 감사드리나이다.

저에게 이 9일 기도의 힘을 알게 해 주셨으니 감사드리나이다. 아멘.

(십자 성호를 그으며)

성부와 성자와 성령의 이름으로 아멘.

9일 기도 셋째 날

1) 시작 기도

기도를 시작하면서 위로자이신 성령을 보내 주시기를 우리 주님이신 그리스도를 통하여 하느님 아버지께 청한다. 성령께서는 기도하는 법을 가르치시는 내적 스승이시다. "성령에 힘입지 않고서는 아무도 '예수님은 주님이시다.' 할 수 없습니다."(1코린 12,3) 교회는 매일, 특별히 모든 중요한 일을 시작하고 마칠 때 성령을 청하도록 우리를 초대한다.

(십자 성호를 그으며)
성부와 성자와 성령의 이름으로 아멘.

성령 송가

오소서, 성령님. 주님의 빛, 그 빛살을 하늘에서 내리소서.
가난한 이 아버지, 오소서 은총 주님, 오소서 마음의 빛.
가장 좋은 위로자, 영혼의 기쁜 손님, 저희 생기 돋우소서.
일할 때에 휴식을, 무더위에 시원함을, 슬플 때에 위로를.

영원하신 행복의 빛, 저희 마음 깊은 곳을 가득하게 채우소서.
주님 도움 없으시면, 저희 삶의 그 모든 것, 해로운 것뿐이리라.
허물들은 씻어 주고, 메마른 땅 물 주시고, 병든 것을 고치소서.
굳은 마음 풀어 주고, 차디찬 맘 데우시고, 빗나간 길 바루소서.
성령님을 굳게 믿고, 의지하는 이들에게, 성령 칠은 베푸소서.
덕행 공로 쌓게 하고, 구원의 문 활짝 열어, 영원 복락 주옵소서.
아멘.

사도신경

전능하신 천주 성부
천지의 창조주를 저는 믿나이다.
그 외아들 우리 주 예수 그리스도님
성령으로 인하여 동정 마리아께 잉태되어 나시고
본시오 빌라도 통치 아래서 고난을 받으시고
십자가에 못 박혀 돌아가시고 묻히셨으며
저승에 가시어 사흘날에 죽은 이들 가운데서 부활하시고
하늘에 올라 전능하신 천주 성부 오른편에 앉으시며
그리로부터 산 이와 죽은 이를 심판하러 오시리라 믿나이다.
성령을 믿으며

거룩하고 보편된 교회와 모든 성인의 통공을 믿으며

죄의 용서와 육신의 부활을 믿으며

영원한 삶을 믿나이다. 아멘.

성령 송가와 사도신경을 바친 후에 잠시 양심 성찰을 한다. 어떤 큰 죄가 양심을 괴롭힌다면 가능한 빨리 고해성사를 본다. 우리는 하느님의 자비가 필요한 사람임을 인정하고 겸손되이 우리 죄의 용서를 청하고 다시는 죄를 짓지 않겠다고 굳게 결심한다.

통회기도

하느님,

제가 죄를 지어

참으로 사랑받으셔야 할

하느님의 마음을 아프게 하였기에

악을 저지르고 선을 멀리한 모든 잘못을

진심으로 뉘우치나이다.

하느님의 은총으로 속죄하고

다시는 죄를 짓지 않으며

죄지을 기회를 피하기로 굳게 다짐하오니

우리 구세주 예수 그리스도의 수난 공로를 보시고
저에게 자비를 베풀어 주소서. 아멘

매듭을 푸는 성모님께

매듭을 푸시는 우리의 성모님,
당신께서는 제 삶이 매듭들로 가득하다는 것을 알고 계십니다.
그 매듭들은 제 숨을 막고,
저를 무너뜨리고, 억압하며 노예로 만듭니다.
당신께 신뢰하며 의탁하오니 저의 매듭들을 풀어 주소서.
당신의 힘 있는 전구로
주님께서 저에게 마음의 평화와 영육의 건강을 허락하시고
저를 한없는 기쁨으로 인도하게 하소서.
성모님, 제가 악의 유혹에 떨어지지 않도록 지켜 주소서.
모든 종살이와 두려움 그리고 불안에서 저를 자유롭게 하소서.
올바른 길을 걷고 오류에 떨어지지 않도록 은총을 부어 주소서.
오늘 저의 매듭들을 풀어 주소서. 그리고 저의 때가 이르면 죽음의 마지막 매듭을 풀어 주소서. 그리하여 마침내 제가 모든 죄악으로부터 온전히 해방되어 영원한 행복에 이르게 하소서.
아멘.

2) **묵주 기도 1, 2, 3단**(127~150쪽의 각 요일에 해당하는 신비)**을 바친다.**

3) **9일 기도**

"전능하신 분께서 나에게 큰일을 하셨기 때문입니다. 그분의 이름은 거룩하고 그분의 자비는 대대로 당신을 경외하는 이들에게 미칩니다. 그분께서는 당신 팔로 권능을 떨치시어 마음속 생각이 교만한 자들을 흩으셨습니다. 통치자들을 왕좌에서 끌어내리시고 비천한 이들을 들어 높이셨으며 굶주린 이들을 좋은 것으로 배불리시고 부유한 자들을 빈손으로 내치셨습니다."(루카 1,49-53)

9일 기도 셋째 날

청원

성모님, 모든 이 안에서 당신 영혼이 주님을 찬양하고 하느님으로 기뻐하소서. 하느님의 어머니이시며 우리의 어머니이신 성모님, 이토록 연약하고 의심이 많은 저희의 믿음을 북돋워 주소서. 중재자이신 성모님, 당신 손은 임금의 모든 부요함을 받고 나누어 주시니 자애로운 눈으로 저를 돌아보소서. 당신의 거룩한 두 손에 제 삶의 매듭(   )을 놓습니다. 그 매듭으로 인한 모든 원한과 분노도 드립니다.

이 순간 알게 모르게 이 매듭을 갖게 했던 모든 사람들을 용서하도록 도와주소서. 사랑하올 성모님, 당신 앞에 그리고 모욕을 당하면서도 용서할 줄을 아셨던 나의 구원자이신 당신의 아들 예수님의 이름으로 이들(　)을 용서하나이다. 영원히⋯.

착한 의견의 어머니이신 성모님,
저를 방해하는 이 매듭(　)을 받으소서.
당신 손의 힘으로 이 매듭을 풀어 주소서.

매듭을 푸는 성모님, 저를 위하여 빌어 주소서.

4) 묵주 기도 4, 5단(127~150쪽의 각 요일에 해당하는 신비)**을 바친다.**

5) 마침 기도

매듭을 푸는 하느님의 어머니께

매듭을 푸시는 우리의 어머니, 당신의 보호를 바라고 도움을 간청하는 자를 당신께서는 결코 외면하지 않으시나이다. 이 믿음에 힘입어 당신께 달려드나이다. 동정녀들의 동정녀이신 어머니, 뉘우치는 죄인인 제가 당신 앞에 와 엎드리나이다. 예수 그리스도의 어머니, 저의 기도를 외면하지 마시고 자비로운 마음으로 들어 허락하소서.

당신은 우리의 모든 매듭을 푸는 분이시나이다!

하느님 사랑 가득한 당신 손으로 우리의 발걸음에 놓인 장애물들을 매듭을 풀듯 풀어 주소서. 하느님 사랑으로 당신 손에서 그것들이 구김 없는 리본으로, 평평한 길로 변화되게 하소서.

이제 연민 가득한 당신 눈길로 저를 바라보소서. 얼마나 많은 매듭들이 저의 삶을 숨 막히게 하는지 보소서. 당신은 저의 아픔과 고통을 아시나이다. 이 매듭들이 얼마나 저의 몸과 마음을 굳게 하는지도 아시나이다.

성모 마리아님, 하느님의 어머니시며 은총이 가득한 동정녀시여, 하느님께서 당신 자녀들 삶의 매듭들을 풀도록 책임을 맡기셨으니 오늘 당신 손 안에 매듭들을 드리나이다.

9일 기도 셋째 날

- 모든 물질적 어려움과 가족 문제, 학업, 직업, 영성적 문제들
- 오래전부터 나를 괴롭히고 있지만 어떻게 해결해야 할지 모르는 문제들
- 해결책이 보이지 않게 가로막혀 있거나 뒤엉켜 풀 수 없는 상황들

- 가족 간의 다툼, 부모 자식 간의 몰이해, 존경심의 부재, 폭력
- 부부 간의 원한과 아픔, 가정 안에 평화와 기쁨의 부재
- 헤어진 부부들의 고뇌와 좌절, 가족 간의 불화
- 자식의 마약 중독, 병에 걸림, 가출, 하느님으로부터 멀어짐
- 알코올 중독, 우리 자신의 악습들, 우리가 사랑하는 이들의 악습들
- 타인으로부터 받은 상처들
- 우리를 고통스럽게 괴롭히는 원한
- 죄책감, 유산, 병, 실업, 두려움, 불화, 실패, 빚짐, 슬픔, 이혼, 재정적 걱정, 스트레스, 고독
- 신비술, 마술, 미신, 불신앙, 교만, 우리 삶의 죄들
- 자존심으로 인해 생긴 매듭들
- 자유롭게 살고 관대하게 사랑할 수 없게 하는 우리의 마음

성모님, 당신 손 안에 풀리지 못할 매듭은 단 하나도 없나이다. 구원자이신 당신의 아드님 예수님 곁에서 중재하시는 능력으로 오늘 특별히 이 매듭(   )을 받으소서. 하느님의 영광을 위하여 이 매듭을 영원히 풀어 주실 것을 청하나이다. 하느님께서 주신 유일한 위로자이신 당신께 저의 희망을 두나이다. 당신은 저의 연약함에 강인함이시고, 저의 보잘것없음에 부요함이시며,

그리스도와의 일치를 막는 모든 것들에 대한 자유로움이시나이다. 저의 호소를 받아 주소서. 저를 바라보시고, 인도하시며 보호하소서. 당신은 유일하고 안전한 피난처이시나이다. 매듭을 푸시는 성모님, 이제와 우리 죽을 때 당신의 아들 우리 주 예수 그리스도께 저를 위하여 빌어 주소서. 아멘.

매듭을 푸는 성모님께 드리는 기도

그리스도의 어머니이시며 교회의 어머니이신 성모님, 모든 이들과 가정의 여왕이신 분, 당신께서는 죄의 멍에를 부수신 하느님의 아들을 잉태하셨나이다. 저희가 하느님의 자녀들이 누리는 참된 자유에 머물 수 있도록 은총을 얻어 주소서.

순결한 동정녀이시며 평화의 모후이신 당신의 거룩한 손으로 우리의 삶을 슬프고 어지럽게 하는 뒤엉킨 매듭들을 풀어 주소서. 저희가 순수하고 단순한 마음으로 선한 것에 봉사하며, 언제든지 용서하고 화해할 수 있도록 도우소서. 그리스도의 사랑 안에서 그리스도를 그 누구보다도 사랑하며 진실한 마음으로 우리 형제들을 사랑하게 하소서. 아멘.

매듭을 푸는 성모님께 드리는 감사 기도

매듭을 푸시는 성모님, 기쁨과 감사 넘치는 영혼으로 받은 은혜에 감사드리려 당신께 돌아왔나이다. 저는 온전히 당신의 것이기를 바라나이다. 제가 교회 안에서 당신과 함께 예수님께 온전히 충실하도록 도와주소서.

거룩한 동정녀시여, 자애로운 마음으로 언제나 저의 손을 잡으시고 예수님을 사랑하도록 제 마음을 이끌어 주시니 감사드리나이다. 모든 평화와 은총의 샘이신 하느님 안에서만 저의 선익을 찾도록 가르치시니 감사드리나이다. 영원으로부터 저를 위하여 세우신 계획을 이루기 위해 하느님의 뜻만 실행할 것을 열망하도록 가르치시니 감사드리나이다.

예수님과 함께 예수님을 위하여 살도록 가르치시니 감사드리나이다.

제가 넘어지더라도 용서와 기쁨의 성사를 통하여 예수님께 돌아가도록 도와주시니 감사드리나이다. 거룩한 동정녀시여, 이러한 제 마음속 하느님의 평화로 모든 이에게 참기쁨과 평화를 가져다줄 수 있겠나이다. 당신의 아드님께서 우리가 그분을 만나도록 남기신 표지인 모든 성사들에 대한 큰 사랑을 저에게 주소서. 성모님, 저의 가정을 보호해 주시니 감사드리나이다. 저의 가정이 언제나 하나로 일치하고 하느님의 무한한 사랑 안에 굳건하게 하소서.

성모님, 저의 가정에 필요한 영적 물질적 은혜들을 나누어 주시고, 특별히 믿음과 소망과 사랑이 자라게 하시니 감사드리나이다. 저에게 이 9일 기도의 힘을 알게 해 주셨으니 감사드리나이다. 아멘.

(십자 성호를 그으며)

성부와 성자와 성령의 이름으로 아멘.

9일 기도 넷째 날

1) 시작 기도

기도를 시작하면서 위로자이신 성령을 보내 주시기를 우리 주님이신 그리스도를 통하여 하느님 아버지께 청한다. 성령께서는 기도하는 법을 가르치시는 내적 스승이시다. "성령에 힘입지 않고서는 아무도 '예수님은 주님이시다.' 할 수 없습니다."(1코린 12,3) 교회는 매일, 특별히 모든 중요한 일을 시작하고 마칠 때 성령을 청하도록 우리를 초대한다.

(십자 성호를 그으며)
성부와 성자와 성령의 이름으로 아멘.

성령 송가

오소서, 성령님. 주님의 빛, 그 빛살을 하늘에서 내리소서.
가난한 이 아버지, 오소서 은총 주님, 오소서 마음의 빛.
가장 좋은 위로자, 영혼의 기쁜 손님, 저희 생기 돋우소서.
일할 때에 휴식을, 무더위에 시원함을, 슬플 때에 위로를.

영원하신 행복의 빛, 저희 마음 깊은 곳을 가득하게 채우소서.
주님 도움 없으시면, 저희 삶의 그 모든 것, 해로운 것뿐이리라.
허물들은 씻어 주고, 메마른 땅 물 주시고, 병든 것을 고치소서.
굳은 마음 풀어 주고, 차디찬 맘 데우시고, 빗나간 길 바루소서.
성령님을 굳게 믿고, 의지하는 이들에게, 성령 칠은 베푸소서.
덕행 공로 쌓게 하고, 구원의 문 활짝 열어, 영원 복락 주옵소서.
아멘.

사도신경

전능하신 천주 성부
천지의 창조주를 저는 믿나이다.
그 외아들 우리 주 예수 그리스도님
성령으로 인하여 동정 마리아께 잉태되어 나시고
본시오 빌라도 통치 아래서 고난을 받으시고
십자가에 못 박혀 돌아가시고 묻히셨으며
저승에 가시어 사흘날에 죽은 이들 가운데서 부활하시고
하늘에 올라 전능하신 천주 성부 오른편에 앉으시며
그리로부터 산 이와 죽은 이를 심판하러 오시리라 믿나이다.
성령을 믿으며

거룩하고 보편된 교회와 모든 성인의 통공을 믿으며

죄의 용서와 육신의 부활을 믿으며

영원한 삶을 믿나이다. 아멘.

성령 송가와 사도신경을 바친 후에 잠시 양심 성찰을 한다. 어떤 큰 죄가 양심을 괴롭힌다면 가능한 빨리 고해성사를 본다. 우리는 하느님의 자비가 필요한 사람임을 인정하고 겸손되이 우리 죄의 용서를 청하고 다시는 죄를 짓지 않겠다고 굳게 결심한다.

통회기도

하느님,

제가 죄를 지어

참으로 사랑받으셔야 할

하느님의 마음을 아프게 하였기에

악을 저지르고 선을 멀리한 모든 잘못을

진심으로 뉘우치나이다.

하느님의 은총으로 속죄하고

다시는 죄를 짓지 않으며

죄지을 기회를 피하기로 굳게 다짐하오니

우리 구세주 예수 그리스도의 수난 공로를 보시고

저에게 자비를 베풀어 주소서. 아멘

매듭을 푸는 성모님께

매듭을 푸시는 우리의 성모님,

당신께서는 제 삶이 매듭들로 가득하다는 것을 알고 계십니다.

그 매듭들은 제 숨을 막고,

저를 무너뜨리고, 억압하며 노예로 만듭니다.

당신께 신뢰하며 의탁하오니 저의 매듭들을 풀어 주소서.

당신의 힘 있는 전구로

주님께서 저에게 마음의 평화와 영육의 건강을 허락하시고

저를 한없는 기쁨으로 인도하게 하소서.

성모님, 제가 악의 유혹에 떨어지지 않도록 지켜 주소서.

모든 종살이와 두려움 그리고 불안에서 저를 자유롭게 하소서.

올바른 길을 걷고 오류에 떨어지지 않도록 은총을 부어 주소서.

오늘 저의 매듭들을 풀어 주소서. 그리고 저의 때가 이르면 죽음의 마지막 매듭을 풀어 주소서. 그리하여 마침내 제가 모든 죄악으로부터 온전히 해방되어 영원한 행복에 이르게 하소서. 아멘.

2) 묵주 기도 1, 2, 3단(127~150쪽의 각 요일에 해당하는 신비)을 바친다.

3) 9일 기도

그 무렵에 마리아는 길을 떠나, 서둘러 유다 산악 지방에 있는 한 고을로 갔다. 그리고 즈카르야의 집에 들어가 엘리사벳에게 인사하였다. 엘리사벳이 마리아의 인사말을 들을 때 그의 태 안에서 아기가 뛰놀았다.(루카 1,39-41)

청원

사랑에 뛰어나신 어머니, 도움이 필요한 이들에게 다정하신 분, 엘리사벳에게 하시듯 저를 도우러 오소서. 당신의 손 안에 저의 매듭(　)을 놓습니다. 이 매듭은 저에게서 평화를 빼앗고, 영혼을 마비시키며 주님께 다가가 그분의 사랑에 저의 삶을 맡기지 못하게 합니다.

　어머니, 제 삶의 매듭(　)을 풀어 주소서. 예수님께 청하시어 모든 어려움으로 인해 굳어져 버린 저의 신앙을 낮게 하소서.

　사랑하올 어머니, 저와 함께 걸으소서. 그리하여 인생길에서 만나는 어려움들이 신앙 안에서 저를 더욱 굳세게 하고, 섭리로서 언제나 도우시는 하느님께 감사드리는 기회가 됨을 알게 하소서.

착한 의견의 어머니이신 성모님,
저를 방해하는 이 매듭(   )을 받으소서.
당신 손의 힘으로 이 매듭을 풀어 주소서.

매듭을 푸는 성모님, 저를 위하여 빌어 주소서.

4) **묵주 기도 4, 5단**(127~150쪽의 각 요일에 해당하는 신비)**을 바친다.**

5) **마침 기도**

매듭을 푸는 하느님의 어머니께

매듭을 푸시는 우리의 어머니, 당신의 보호를 바라고 도움을 간청하는 자를 당신께서는 결코 외면하지 않으시나이다. 이 믿음에 힘입어 당신께 달려드나이다. 동정녀들의 동정녀이신 어머니, 뉘우치는 죄인인 제가 당신 앞에 와 엎드리나이다. 예수 그리스도의 어머니, 저의 기도를 외면하지 마시고 자비로운 마음으로 들어 허락하소서.

당신은 우리의 모든 매듭을 푸는 분이시나이다!

하느님 사랑 가득한 당신 손으로 우리의 발걸음에 놓인 장애물들을 매듭을 풀듯 풀어 주소서. 하느님 사랑으로 당신 손에서 그것들이 구김 없는 리본으로, 평평한 길로 변화되게 하소서.

이제 연민 가득한 당신 눈길로 저를 바라보소서. 얼마나 많은 매듭들이 저의 삶을 숨 막히게 하는지 보소서. 당신은 저의 아픔과 고통을 아시나이다. 이 매듭들이 얼마나 저의 몸과 마음을 굳게 하는지도 아시나이다.

성모 마리아님, 하느님의 어머니시며 은총이 가득한 동정녀시여, 하느님께서 당신 자녀들 삶의 매듭들을 풀도록 책임을 맡기셨으니 오늘 당신 손 안에 매듭들을 드리나이다.

- 모든 물질적 어려움과 가족 문제, 학업, 직업, 영성적 문제들
- 오래전부터 나를 괴롭히고 있지만 어떻게 해결해야 할지 모르는 문제들
- 해결책이 보이지 않게 가로막혀 있거나 뒤엉켜 풀 수 없는 상황들
- 가족 간의 다툼, 부모 자식 간의 몰이해, 존경심의 부재, 폭력
- 부부 간의 원한과 아픔, 가정 안에 평화와 기쁨의 부재
- 헤어진 부부들의 고뇌와 좌절, 가족 간의 불화

- 자식의 마약 중독, 병에 걸림, 가출, 하느님으로부터 멀어짐
- 알코올 중독, 우리 자신의 악습들, 우리가 사랑하는 이들의 악습들
- 타인으로부터 받은 상처들
- 우리를 고통스럽게 괴롭히는 원한
- 죄책감, 유산, 병, 실업, 두려움, 불화, 실패, 빚짐, 슬픔, 이혼, 재정적 걱정, 스트레스, 고독
- 신비술, 마술, 미신, 불신앙, 교만, 우리 삶의 죄들
- 자존심으로 인해 생긴 매듭들
- 자유롭게 살고 관대하게 사랑할 수 없게 하는 우리의 마음

성모님, 당신 손 안에 풀리지 못할 매듭은 단 하나도 없나이다. 구원자이신 당신의 아드님 예수님 곁에서 중재하시는 능력으로 오늘 특별히 이 매듭(　　)을 받으소서. 하느님의 영광을 위하여 이 매듭을 영원히 풀어 주실 것을 청하나이다. 하느님께서 주신 유일한 위로자이신 당신께 저의 희망을 두나이다. 당신은 저의 연약함에 강인함이시고, 저의 보잘것없음에 부요함이시며, 그리스도와의 일치를 막는 모든 것들에 대한 자유로움이시나이다. 저의 호소를 받아 주소서. 저를 바라보시고, 인도하시며 보호하소서. 당신은 유일하고 안전한 피난처이시나이다. 매듭을

9일 기도 — 넷째 날

푸시는 성모님, 이제와 우리 죽을 때 당신의 아들 우리 주 예수 그리스도께 저를 위하여 빌어 주소서. 아멘.

매듭을 푸는 성모님께 드리는 기도

그리스도의 어머니이시며 교회의 어머니이신 성모님, 모든 이들과 가정의 여왕이신 분, 당신께서는 죄의 멍에를 부수신 하느님의 아들을 잉태하셨나이다. 저희가 하느님의 자녀들이 누리는 참된 자유에 머물 수 있도록 은총을 얻어 주소서.

순결한 동정녀이시며 평화의 모후이신 당신의 거룩한 손으로 우리의 삶을 슬프고 어지럽게 하는 뒤엉킨 매듭들을 풀어 주소서. 저희가 순수하고 단순한 마음으로 선한 것에 봉사하며, 언제든지 용서하고 화해할 수 있도록 도우소서. 그리스도의 사랑 안에서 그리스도를 그 누구보다도 사랑하며 진실한 마음으로 우리 형제들을 사랑하게 하소서. 아멘.

매듭을 푸는 성모님께 드리는 감사 기도

매듭을 푸시는 성모님, 기쁨과 감사 넘치는 영혼으로 받은 은혜에 감사드리려 당신께 돌아왔나이다. 저는 온전히 당신의 것이

기를 바라나이다. 제가 교회 안에서 당신과 함께 예수님께 온전히 충실하도록 도와주소서.

거룩한 동정녀시여, 자애로운 마음으로 언제나 저의 손을 잡으시고 예수님을 사랑하도록 제 마음을 이끌어 주시니 감사드리나이다. 모든 평화와 은총의 샘이신 하느님 안에서만 저의 선익을 찾도록 가르치시니 감사드리나이다. 영원으로부터 저를 위하여 세우신 계획을 이루기 위해 하느님의 뜻만 실행할 것을 열망하도록 가르치시니 감사드리나이다.

예수님과 함께 예수님을 위하여 살도록 가르치시니 감사드리나이다.

제가 넘어지더라도 용서와 기쁨의 성사를 통하여 예수님께 돌아가도록 도와주시니 감사드리나이다. 거룩한 동정녀시여, 이러한 제 마음속 하느님의 평화로 모든 이에게 참기쁨과 평화를 가져다줄 수 있겠나이다. 당신의 아드님께서 우리가 그분을 만나도록 남기신 표지인 모든 성사들에 대한 큰 사랑을 저에게 주소서. 성모님, 저의 가정을 보호해 주시니 감사드리나이다. 저의 가정이 언제나 하나로 일치하고 하느님의 무한한 사랑 안에 굳건하게 하소서.

성모님, 저의 가정에 필요한 영적 물질적 은혜들을 나누어 주시고, 특별히 믿음과 소망과 사랑이 자라게 하시니 감사드리나이다.

저에게 이 9일 기도의 힘을 알게 해 주셨으니 감사드리나이다.
아멘.

(십자 성호를 그으며)

성부와 성자와 성령의 이름으로 아멘.

9일 기도 다섯째 날

1) 시작 기도

기도를 시작하면서 위로자이신 성령을 보내 주시기를 우리 주님이신 그리스도를 통하여 하느님 아버지께 청한다. 성령께서는 기도하는 법을 가르치시는 내적 스승이시다. "성령에 힘입지 않고서는 아무도 '예수님은 주님이시다.' 할 수 없습니다."(1코린 12,3) 교회는 매일, 특별히 모든 중요한 일을 시작하고 마칠 때 성령을 청하도록 우리를 초대한다.

(십자 성호를 그으며)
성부와 성자와 성령의 이름으로 아멘.

성령 송가

오소서, 성령님. 주님의 빛, 그 빛살을 하늘에서 내리소서.
가난한 이 아버지, 오소서 은총 주님, 오소서 마음의 빛.
가장 좋은 위로자, 영혼의 기쁜 손님, 저희 생기 돋우소서.
일할 때에 휴식을, 무더위에 시원함을, 슬플 때에 위로를.

영원하신 행복의 빛, 저희 마음 깊은 곳을 가득하게 채우소서.
주님 도움 없으시면, 저희 삶의 그 모든 것, 해로운 것뿐이리라.
허물들은 씻어 주고, 메마른 땅 물 주시고, 병든 것을 고치소서.
굳은 마음 풀어 주고, 차디찬 맘 데우시고, 빗나간 길 바루소서.
성령님을 굳게 믿고, 의지하는 이들에게, 성령 칠은 베푸소서.
덕행 공로 쌓게 하고, 구원의 문 활짝 열어, 영원 복락 주옵소서.
아멘.

사도신경

전능하신 천주 성부
천지의 창조주를 저는 믿나이다.
그 외아들 우리 주 예수 그리스도님
성령으로 인하여 동정 마리아께 잉태되어 나시고
본시오 빌라도 통치 아래서 고난을 받으시고
십자가에 못 박혀 돌아가시고 묻히셨으며
저승에 가시어 사흘날에 죽은 이들 가운데서 부활하시고
하늘에 올라 전능하신 천주 성부 오른편에 앉으시며
그리로부터 산 이와 죽은 이를 심판하러 오시리라 믿나이다.
성령을 믿으며

거룩하고 보편된 교회와 모든 성인의 통공을 믿으며

죄의 용서와 육신의 부활을 믿으며

영원한 삶을 믿나이다. 아멘.

성령 송가와 사도신경을 바친 후에 잠시 양심 성찰을 한다. 어떤 큰 죄가 양심을 괴롭힌다면 가능한 빨리 고해성사를 본다. 우리는 하느님의 자비가 필요한 사람임을 인정하고 겸손되이 우리 죄의 용서를 청하고 다시는 죄를 짓지 않겠다고 굳게 결심한다.

9일 기도 | 다섯째 날

통회기도

하느님,

제가 죄를 지어

참으로 사랑받으셔야 할

하느님의 마음을 아프게 하였기에

악을 저지르고 선을 멀리한 모든 잘못을

진심으로 뉘우치나이다.

하느님의 은총으로 속죄하고

다시는 죄를 짓지 않으며

죄지을 기회를 피하기로 굳게 다짐하오니

우리 구세주 예수 그리스도의 수난 공로를 보시고

저에게 자비를 베풀어 주소서. 아멘

매듭을 푸는 성모님께

매듭을 푸시는 우리의 성모님,

당신께서는 제 삶이 매듭들로 가득하다는 것을 알고 계십니다.

그 매듭들은 제 숨을 막고,

저를 무너뜨리고, 억압하며 노예로 만듭니다.

당신께 신뢰하며 의탁하오니 저의 매듭들을 풀어 주소서.

당신의 힘 있는 전구로

주님께서 저에게 마음의 평화와 영육의 건강을 허락하시고

저를 한없는 기쁨으로 인도하게 하소서.

성모님, 제가 악의 유혹에 떨어지지 않도록 지켜 주소서.

모든 종살이와 두려움 그리고 불안에서 저를 자유롭게 하소서.

올바른 길을 걷고 오류에 떨어지지 않도록 은총을 부어 주소서.

오늘 저의 매듭들을 풀어 주소서. 그리고 저의 때가 이르면 죽음의 마지막 매듭을 풀어 주소서. 그리하여 마침내 제가 모든 죄악으로부터 온전히 해방되어 영원한 행복에 이르게 하소서.

아멘.

2) **묵주 기도 1, 2, 3단**(127~150쪽의 각 요일에 해당하는 신비)**을 바친다.**

3) 9일 기도

그의 어머니는 이 모든 일을 마음속에 간직하였다. (루카 2,51)

청원

엉킨 매듭들을 푸시는 성모님, 자애로우시며 동정심이 충만하신 당신 손에 다시 한 번 이 매듭(   )을 드리나이다. 성령의 빛 아래 모든 어려움을 풀어 나가도록 하느님의 지혜를 주소서. 당신의 말씀은 온통 감미로움으로 가득하고, 당신에게서 하느님의 마음을 보나이다. 당신께 드리는 이 매듭(   )이 낳은 씁쓸함과 분노와 미움으로부터 저를 자유롭게 하소서.

사랑하올 어머니, 당신의 온유함과 지혜를 주소서. 열렬한 사랑의 대화로 저에게 일어나는 모든 일, 가장 작은 일까지도 주님과 이야기하며, 그 모든 것을 침묵 안에서 숙고하는 것을 가르쳐 주소서. 신앙의 눈으로 그 일들을 새롭게 보고 평가함으로써 그 안에 담긴 하느님의 뜻을 밝혀내게 하소서.

착한 의견의 어머니이신 성모님,

> 9일 기도 — 다섯째 날

저를 방해하는 이 매듭(   )을 받으소서.

당신 손의 힘으로 이 매듭을 풀어 주소서.

매듭을 푸는 성모님, 저를 위하여 빌어 주소서.

4) **묵주 기도 4, 5단**(127~150쪽의 각 요일에 해당하는 신비)**을 바친다.**

5) 마침 기도

매듭을 푸는 하느님의 어머니께

매듭을 푸시는 우리의 어머니, 당신의 보호를 바라고 도움을 간청하는 자를 당신께서는 결코 외면하지 않으시나이다. 이 믿음에 힘입어 당신께 달려드나이다. 동정녀들의 동정녀이신 어머니, 뉘우치는 죄인인 제가 당신 앞에 와 엎드리나이다. 예수 그리스도의 어머니, 저의 기도를 외면하지 마시고 자비로운 마음으로 들어 허락하소서.

당신은 우리의 모든 매듭을 푸는 분이시나이다!

하느님 사랑 가득한 당신 손으로 우리의 발걸음에 놓인 장애물들을 매듭을 풀듯 풀어 주소서. 하느님 사랑으로 당신 손에서 그것들이 구김 없는 리본으로, 평평한 길로 변화되게 하소서.
이제 연민 가득한 당신 눈길로 저를 바라보소서. 얼마나 많은 매듭들이 저의 삶을 숨 막히게 하는지 보소서. 당신은 저의 아픔과 고통을 아시나이다. 이 매듭들이 얼마나 저의 몸과 마음을 굳게 하는지도 아시나이다.

성모 마리아님, 하느님의 어머니시며 은총이 가득한 동정녀시여, 하느님께서 당신 자녀들 삶의 매듭들을 풀도록 책임을 맡기셨으니 오늘 당신 손 안에 매듭들을 드리나이다.

- 모든 물질적 어려움과 가족 문제, 학업, 직업, 영성적 문제들
- 오래전부터 나를 괴롭히고 있지만 어떻게 해결해야 할지 모르는 문제들
- 해결책이 보이지 않게 가로막혀 있거나 뒤엉켜 풀 수 없는 상황들
- 가족 간의 다툼, 부모 자식 간의 몰이해, 존경심의 부재, 폭력
- 부부 간의 원한과 아픔, 가정 안에 평화와 기쁨의 부재
- 헤어진 부부들의 고뇌와 좌절, 가족 간의 불화
- 자식의 마약 중독, 병에 걸림, 가출, 하느님으로부터 멀어짐
- 알코올 중독, 우리 자신의 악습들, 우리가 사랑하는 이들의 악습들

- 타인으로부터 받은 상처들
- 우리를 고통스럽게 괴롭히는 원한
- 죄책감, 유산, 병, 실업, 두려움, 불화, 실패, 빚짐, 슬픔, 이혼, 재정적 걱정, 스트레스, 고독
- 신비술, 마술, 미신, 불신앙, 교만, 우리 삶의 죄들
- 자존심으로 인해 생긴 매듭들
- 자유롭게 살고 관대하게 사랑할 수 없게 하는 우리의 마음

성모님, 당신 손 안에 풀리지 못할 매듭은 단 하나도 없나이다. 구원자이신 당신의 아드님 예수님 곁에서 중재하시는 능력으로 오늘 특별히 이 매듭(   )을 받으소서. 하느님의 영광을 위하여 이 매듭을 영원히 풀어 주실 것을 청하나이다. 하느님께서 주신 유일한 위로자이신 당신께 저의 희망을 두나이다. 당신은 저의 연약함에 강인함이시고, 저의 보잘것없음에 부요함이시며, 그리스도와의 일치를 막는 모든 것들에 대한 자유로움이시나이다. 저의 호소를 받아 주소서. 저를 바라보시고, 인도하시며 보호하소서. 당신은 유일하고 안전한 피난처이시나이다. 매듭을 푸시는 성모님, 이제와 우리 죽을 때 당신의 아들 우리 주 예수 그리스도께 저를 위하여 빌어 주소서. 아멘.

매듭을 푸는 성모님께 드리는 기도

그리스도의 어머니이시며 교회의 어머니이신 성모님, 모든 이들과 가정의 여왕이신 분, 당신께서는 죄의 멍에를 부수신 하느님의 아들을 잉태하셨나이다. 저희가 하느님의 자녀들이 누리는 참된 자유에 머물 수 있도록 은총을 얻어 주소서.

순결한 동정녀이시며 평화의 모후이신 당신의 거룩한 손으로 우리의 삶을 슬프고 어지럽게 하는 뒤엉킨 매듭들을 풀어 주소서. 저희가 순수하고 단순한 마음으로 선한 것에 봉사하며, 언제든지 용서하고 화해할 수 있도록 도우소서. 그리스도의 사랑 안에서 그리스도를 그 누구보다도 사랑하며 진실한 마음으로 우리 형제들을 사랑하게 하소서. 아멘.

매듭을 푸는 성모님께 드리는 감사 기도

매듭을 푸시는 성모님, 기쁨과 감사 넘치는 영혼으로 받은 은혜에 감사드리려 당신께 돌아왔나이다. 저는 온전히 당신의 것이기를 바라나이다. 제가 교회 안에서 당신과 함께 예수님께 온전히 충실하도록 도와주소서.

거룩한 동정녀시여, 자애로운 마음으로 언제나 저의 손을 잡으시고 예수님을 사랑하도록 제 마음을 이끌어 주시니 감사드리나이다. 모든 평화와 은총의 샘이신 하느님 안에서만 저의 선익을 찾도록 가르치시니 감사드리나이다. 영원으로부터 저를 위하여 세우신 계획을 이루기 위해 하느님의 뜻만 실행할 것을 열망하도록 가르치시니 감사드리나이다.

예수님과 함께 예수님을 위하여 살도록 가르치시니 감사드리나이다.

제가 넘어지더라도 용서와 기쁨의 성사를 통하여 예수님께 돌아가도록 도와주시니 감사드리나이다. 거룩한 동정녀시여, 이러한 제 마음속 하느님의 평화로 모든 이에게 참기쁨과 평화를 가져다줄 수 있겠나이다. 당신의 아드님께서 우리가 그분을 만나도록 남기신 표지인 모든 성사들에 대한 큰 사랑을 저에게 주소서. 성모님, 저의 가정을 보호해 주시니 감사드리나이다. 저의 가정이 언제나 하나로 일치하고 하느님의 무한한 사랑 안에 굳건하게 하소서.

성모님, 저의 가정에 필요한 영적 물질적 은혜들을 나누어 주시고, 특별히 믿음과 소망과 사랑이 자라게 하시니 감사드리나이다. 저에게 이 9일 기도의 힘을 알게 해 주셨으니 감사드리나이다. 아멘.

(십자 성호를 그으며)

성부와 성자와 성령의 이름으로 아멘.

9일 기도 여섯째 날

1) 시작 기도

기도를 시작하면서 위로자이신 성령을 보내 주시기를 우리 주님이신 그리스도를 통하여 하느님 아버지께 청한다. 성령께서는 기도하는 법을 가르치시는 내적 스승이시다. "성령에 힘입지 않고서는 아무도 '예수님은 주님이시다.' 할 수 없습니다."(1코린 12,3) 교회는 매일, 특별히 모든 중요한 일을 시작하고 마칠 때 성령을 청하도록 우리를 초대한다.

(십자 성호를 그으며)
성부와 성자와 성령의 이름으로 아멘.

성령 송가

오소서, 성령님. 주님의 빛, 그 빛살을 하늘에서 내리소서.
가난한 이 아버지, 오소서 은총 주님, 오소서 마음의 빛.
가장 좋은 위로자, 영혼의 기쁜 손님, 저희 생기 돋우소서.
일할 때에 휴식을, 무더위에 시원함을, 슬플 때에 위로를.

영원하신 행복의 빛, 저희 마음 깊은 곳을 가득하게 채우소서.
주님 도움 없으시면, 저희 삶의 그 모든 것, 해로운 것뿐이리라.
허물들은 씻어 주고, 메마른 땅 물 주시고, 병든 것을 고치소서.
굳은 마음 풀어 주고, 차디찬 맘 데우시고, 빗나간 길 바루소서.
성령님을 굳게 믿고, 의지하는 이들에게, 성령 칠은 베푸소서.
덕행 공로 쌓게 하고, 구원의 문 활짝 열어, 영원 복락 주옵소서.
아멘.

사도신경

전능하신 천주 성부
천지의 창조주를 저는 믿나이다.
그 외아들 우리 주 예수 그리스도님
성령으로 인하여 동정 마리아께 잉태되어 나시고
본시오 빌라도 통치 아래서 고난을 받으시고
십자가에 못 박혀 돌아가시고 묻히셨으며
저승에 가시어 사흘날에 죽은 이들 가운데서 부활하시고
하늘에 올라 전능하신 천주 성부 오른편에 앉으시며
그리로부터 산 이와 죽은 이를 심판하러 오시리라 믿나이다.
성령을 믿으며

거룩하고 보편된 교회와 모든 성인의 통공을 믿으며
죄의 용서와 육신의 부활을 믿으며
영원한 삶을 믿나이다. 아멘.

성령 송가와 사도신경을 바친 후에 잠시 양심 성찰을 한다. 어떤 큰 죄가 양심을 괴롭힌다면 가능한 빨리 고해성사를 본다. 우리는 하느님의 자비가 필요한 사람임을 인정하고 겸손되이 우리 죄의 용서를 청하고 다시는 죄를 짓지 않겠다고 굳게 결심한다.

통회기도

하느님,
제가 죄를 지어
참으로 사랑받으셔야 할
하느님의 마음을 아프게 하였기에
악을 저지르고 선을 멀리한 모든 잘못을
진심으로 뉘우치나이다.
하느님의 은총으로 속죄하고
다시는 죄를 짓지 않으며
죄지을 기회를 피하기로 굳게 다짐하오니

우리 구세주 예수 그리스도의 수난 공로를 보시고
저에게 자비를 베풀어 주소서. 아멘

매듭을 푸는 성모님께

매듭을 푸시는 우리의 성모님,
당신께서는 제 삶이 매듭들로 가득하다는 것을 알고 계십니다.
그 매듭들은 제 숨을 막고,
저를 무너뜨리고, 억압하며 노예로 만듭니다.
당신께 신뢰하며 의탁하오니 저의 매듭들을 풀어 주소서.
당신의 힘 있는 전구로
주님께서 저에게 마음의 평화와 영육의 건강을 허락하시고
저를 한없는 기쁨으로 인도하게 하소서.
성모님, 제가 악의 유혹에 떨어지지 않도록 지켜 주소서.
모든 종살이와 두려움 그리고 불안에서 저를 자유롭게 하소서.
올바른 길을 걷고 오류에 떨어지지 않도록 은총을 부어 주소서.
오늘 저의 매듭들을 풀어 주소서. 그리고 저의 때가 이르면 죽음의 마지막 매듭을 풀어 주소서. 그리하여 마침내 제가 모든 죄악으로부터 온전히 해방되어 영원한 행복에 이르게 하소서.
아멘.

2) 묵주 기도 1, 2, 3단(127~150쪽의 각 요일에 해당하는 신비)**을 바친다.**

3) 9일 기도

"여인이시여, 이 사람이 어머니의 아들입니다."(요한 19,26)

청원

어머니, 사도 요한이 그러했듯이 당신을 저의 집에 모시고 싶나이다. 당신 아드님을 닮는 법을 배우기 위해 제 마음 깊은 곳에 당신을 모시고 싶나이다. 어머니의 손길에 저를 맡기고자 당신 앞에 있나이다.

자비의 여왕이시여, 당신께 이 매듭(   )을 맡기나이다. 당신께서 이 매듭을 푸시는 동안 제가 인내를 지닐 수 있도록 도와주소서. 항구히 당신 아드님의 말씀을 듣고 화해의 성사와 성체성사를 지속적으로 받도록 저를 가르치소서.

성령 강림을 기다리는 저녁 만찬에서 하셨던 것처럼 사랑하는 당신 아드님 곁에서 저를 위하여 간구하시어 생명의 원천이신 진리의 성령을 풍성히 받을 수 있게 하소서. 성령 강림 날 당신 둘레에 모여 있던 예루살렘 첫 공동체처럼 저를 위하여, 저와 함께 성령을 맞아들이소서. 성령께서는 평화와 정의 그리고 사랑에로 제 마음을 열어 주소서.

착한 의견의 어머니이신 성모님,
저를 방해하는 이 매듭(   )을 받으소서.
당신 손의 힘으로 이 매듭을 풀어 주소서.

매듭을 푸는 성모님, 저를 위하여 빌어 주소서.

4) 묵주 기도 4, 5단(127~150쪽의 각 요일에 해당하는 신비)**을 바친다.**

5) 마침 기도

매듭을 푸는 하느님의 어머니께

매듭을 푸시는 우리의 어머니, 당신의 보호를 바라고 도움을 간청하는 자를 당신께서는 결코 외면하지 않으시나이다. 이 믿음에 힘입어 당신께 달려드나이다. 동정녀들의 동정녀이신 어머니, 뉘우치는 죄인인 제가 당신 앞에 와 엎드리나이다. 예수 그리스도의 어머니, 저의 기도를 외면하지 마시고 자비로운 마음으로 들어 허락하소서.

당신은 우리의 모든 매듭을 푸는 분이시나이다!

하느님 사랑 가득한 당신 손으로 우리의 발걸음에 놓인 장애물들을 매듭을 풀듯 풀어 주소서. 하느님 사랑으로 당신 손에서 그것들이 구김 없는 리본으로, 평평한 길로 변화되게 하소서.

이제 연민 가득한 당신 눈길로 저를 바라보소서. 얼마나 많은 매듭들이 저의 삶을 숨 막히게 하는지 보소서. 당신은 저의 아픔과 고통을 아시나이다. 이 매듭들이 얼마나 저의 몸과 마음을 굳게 하는지도 아시나이다.

성모 마리아님, 하느님의 어머니시며 은총이 가득한 동정녀시여, 하느님께서 당신 자녀들 삶의 매듭들을 풀도록 책임을 맡기셨으니 오늘 당신 손 안에 매듭들을 드리나이다.

- 모든 물질적 어려움과 가족 문제, 학업, 직업, 영성적 문제들
- 오래전부터 나를 괴롭히고 있지만 어떻게 해결해야 할지 모르는 문제들
- 해결책이 보이지 않게 가로막혀 있거나 뒤엉켜 풀 수 없는 상황들
- 가족 간의 다툼, 부모 자식 간의 몰이해, 존경심의 부재, 폭력
- 부부 간의 원한과 아픔, 가정 안에 평화와 기쁨의 부재
- 헤어진 부부들의 고뇌와 좌절, 가족 간의 불화

- 자식의 마약 중독, 병에 걸림, 가출, 하느님으로부터 멀어짐
- 알코올 중독, 우리 자신의 악습들, 우리가 사랑하는 이들의 악습들
- 타인으로부터 받은 상처들
- 우리를 고통스럽게 괴롭히는 원한
- 죄책감, 유산, 병, 실업, 두려움, 불화, 실패, 빚짐, 슬픔, 이혼, 재정적 걱정, 스트레스, 고독
- 신비술, 마술, 미신, 불신앙, 교만, 우리 삶의 죄들
- 자존심으로 인해 생긴 매듭들
- 자유롭게 살고 관대하게 사랑할 수 없게 하는 우리의 마음

9일 기도 | 여섯째 날

성모님, 당신 손 안에 풀리지 못할 매듭은 단 하나도 없나이다. 구원자이신 당신의 아드님 예수님 곁에서 중재하시는 능력으로 오늘 특별히 이 매듭(   )을 받으소서. 하느님의 영광을 위하여 이 매듭을 영원히 풀어 주실 것을 청하나이다. 하느님께서 주신 유일한 위로자이신 당신께 저의 희망을 두나이다. 당신은 저의 연약함에 강인함이시고, 저의 보잘것없음에 부요함이시며, 그리스도와의 일치를 막는 모든 것들에 대한 자유로움이시나이다. 저의 호소를 받아 주소서. 저를 바라보시고, 인도하시며 보호하소서. 당신은 유일하고 안전한 피난처이시나이다. 매듭을

푸시는 성모님, 이제와 우리 죽을 때 당신의 아들 우리 주 예수 그리스도께 저를 위하여 빌어 주소서. 아멘.

매듭을 푸는 성모님께 드리는 기도

그리스도의 어머니이시며 교회의 어머니이신 성모님, 모든 이들과 가정의 여왕이신 분, 당신께서는 죄의 멍에를 부수신 하느님의 아들을 잉태하셨나이다. 저희가 하느님의 자녀들이 누리는 참된 자유에 머물 수 있도록 은총을 얻어 주소서.

순결한 동정녀이시며 평화의 모후이신 당신의 거룩한 손으로 우리의 삶을 슬프고 어지럽게 하는 뒤엉킨 매듭들을 풀어 주소서. 저희가 순수하고 단순한 마음으로 선한 것에 봉사하며, 언제든지 용서하고 화해할 수 있도록 도우소서. 그리스도의 사랑 안에서 그리스도를 그 누구보다도 사랑하며 진실한 마음으로 우리 형제들을 사랑하게 하소서. 아멘.

매듭을 푸는 성모님께 드리는 감사 기도

매듭을 푸시는 성모님, 기쁨과 감사 넘치는 영혼으로 받은 은혜에 감사드리려 당신께 돌아왔나이다. 저는 온전히 당신의 것이

기를 바라나이다. 제가 교회 안에서 당신과 함께 예수님께 온전히 충실하도록 도와주소서.

거룩한 동정녀시여, 자애로운 마음으로 언제나 저의 손을 잡으시고 예수님을 사랑하도록 제 마음을 이끌어 주시니 감사드리나이다. 모든 평화와 은총의 샘이신 하느님 안에서만 저의 선익을 찾도록 가르치시니 감사드리나이다. 영원으로부터 저를 위하여 세우신 계획을 이루기 위해 하느님의 뜻만 실행할 것을 열망하도록 가르치시니 감사드리나이다.

예수님과 함께 예수님을 위하여 살도록 가르치시니 감사드리나이다.

제가 넘어지더라도 용서와 기쁨의 성사를 통하여 예수님께 돌아가도록 도와주시니 감사드리나이다. 거룩한 동정녀시여, 이러한 제 마음속 하느님의 평화로 모든 이에게 참기쁨과 평화를 가져다줄 수 있겠나이다. 당신의 아드님께서 우리가 그분을 만나도록 남기신 표지인 모든 성사들에 대한 큰 사랑을 저에게 주소서. 성모님, 저의 가정을 보호해 주시니 감사드리나이다. 저의 가정이 언제나 하나로 일치하고 하느님의 무한한 사랑 안에 굳건하게 하소서.

성모님, 저의 가정에 필요한 영적 물질적 은혜들을 나누어 주시고, 특별히 믿음과 소망과 사랑이 자라게 하시니 감사드리나이다.

9일 기도 여섯째 날

저에게 이 9일 기도의 힘을 알게 해 주셨으니 감사드리나이다. 아멘.

(십자 성호를 그으며)
성부와 성자와 성령의 이름으로 아멘.

9일 기도 일곱째 날

1) 시작 기도

기도를 시작하면서 위로자이신 성령을 보내 주시기를 우리 주님이신 그리스도를 통하여 하느님 아버지께 청한다. 성령께서는 기도하는 법을 가르치시는 내적 스승이시다. "성령에 힘입지 않고서는 아무도 '예수님은 주님이시다.' 할 수 없습니다."(1코린 12,3) 교회는 매일, 특별히 모든 중요한 일을 시작하고 마칠 때 성령을 청하도록 우리를 초대한다.

(십자 성호를 그으며)
성부와 성자와 성령의 이름으로 아멘.

성령 송가

오소서, 성령님. 주님의 빛, 그 빛살을 하늘에서 내리소서.
가난한 이 아버지, 오소서 은총 주님, 오소서 마음의 빛.
가장 좋은 위로자, 영혼의 기쁜 손님, 저희 생기 돋우소서.
일할 때에 휴식을, 무더위에 시원함을, 슬플 때에 위로를.

영원하신 행복의 빛, 저희 마음 깊은 곳을 가득하게 채우소서.
주님 도움 없으시면, 저희 삶의 그 모든 것, 해로운 것뿐이리라.
허물들은 씻어 주고, 메마른 땅 물 주시고, 병든 것을 고치소서.
굳은 마음 풀어 주고, 차디찬 맘 데우시고, 빗나간 길 바루소서.
성령님을 굳게 믿고, 의지하는 이들에게, 성령 칠은 베푸소서.
덕행 공로 쌓게 하고, 구원의 문 활짝 열어, 영원 복락 주옵소서.
아멘.

사도신경

전능하신 천주 성부
천지의 창조주를 저는 믿나이다.
그 외아들 우리 주 예수 그리스도님
성령으로 인하여 동정 마리아께 잉태되어 나시고
본시오 빌라도 통치 아래서 고난을 받으시고
십자가에 못 박혀 돌아가시고 묻히셨으며
저승에 가시어 사흗날에 죽은 이들 가운데서 부활하시고
하늘에 올라 전능하신 천주 성부 오른편에 앉으시며
그리로부터 산 이와 죽은 이를 심판하러 오시리라 믿나이다.
성령을 믿으며

거룩하고 보편된 교회와 모든 성인의 통공을 믿으며

죄의 용서와 육신의 부활을 믿으며

영원한 삶을 믿나이다. 아멘.

성령 송가와 사도신경을 바친 후에 잠시 양심 성찰을 한다. 어떤 큰 죄가 양심을 괴롭힌다면 가능한 빨리 고해성사를 본다. 우리는 하느님의 자비가 필요한 사람임을 인정하고 겸손되이 우리 죄의 용서를 청하고 다시는 죄를 짓지 않겠다고 굳게 결심한다.

통회기도

하느님,

제가 죄를 지어

참으로 사랑받으셔야 할

하느님의 마음을 아프게 하였기에

악을 저지르고 선을 멀리한 모든 잘못을

진심으로 뉘우치나이다.

하느님의 은총으로 속죄하고

다시는 죄를 짓지 않으며

죄지을 기회를 피하기로 굳게 다짐하오니

우리 구세주 예수 그리스도의 수난 공로를 보시고

저에게 자비를 베풀어 주소서. 아멘.

매듭을 푸는 성모님께

매듭을 푸시는 우리의 성모님,

당신께서는 제 삶이 매듭들로 가득하다는 것을 알고 계십니다.

그 매듭들은 제 숨을 막고,

저를 무너뜨리고, 억압하며 노예로 만듭니다.

당신께 신뢰하며 의탁하오니 저의 매듭들을 풀어 주소서.

당신의 힘 있는 전구로

주님께서 저에게 마음의 평화와 영육의 건강을 허락하시고

저를 한없는 기쁨으로 인도하게 하소서.

성모님, 제가 악의 유혹에 떨어지지 않도록 지켜 주소서.

모든 종살이와 두려움 그리고 불안에서 저를 자유롭게 하소서.

올바른 길을 걷고 오류에 떨어지지 않도록 은총을 부어 주소서.

오늘 저의 매듭들을 풀어 주소서. 그리고 저의 때가 이르면 죽음의 마지막 매듭을 풀어 주소서. 그리하여 마침내 제가 모든 죄악으로부터 온전히 해방되어 영원한 행복에 이르게 하소서.

아멘.

2) 묵주 기도 1, 2, 3단(127~150쪽의 각 요일에 해당하는 신비)**을 바친다.**

3) 9일 기도

"나는 너와 그 여자 사이에, 네 후손과 그 여자의 후손 사이에 적개심을 일으키리니 여자의 후손은 너의 머리에 상처를 입히고 너는 그의 발꿈치에 상처를 입히리라."(창세 3,15)

청원

지극히 순결하시며 깨끗하신 성모님, 오늘 당신께 향하나이다. 청하오니 제 삶의 이 매듭(   )을 풀어 주시고 악의 행위로부터 저를 자유롭게 하소서. 하느님께서는 당신께 모든 악령에 대한 큰 능력을 허락하셨나이다. 오늘 저는 악과 그와 관련된 모든 것을 포기합니다. 예수님께서 저의 유일한 구원자이시고 유일한 주님이심을 고백하나이다.

매듭을 푸시는 어머니, 악의 머리를 부수소서. 제 삶의 매듭들을 있게 한 악의 올가미들을 부수어 주소서. 나의 고통과 희망을 아시는 성모님, 매일 만나게 되는 시련에서 저를 도우시어 어둠이 빛을 이기는 일이 없게 하소서.

구원의 여명이신 당신께 저의 발걸음을 드리나이다. 당신의 이

끄심으로 세상의 빛이며 유일한 구원자, 성부와 성령과 함께 세세에 영원히 다스리시는 그리스도를 발견하게 하소서. 주님, 당신의 귀한 피로 저를 자유롭게 하소서.

착한 의견의 어머니이신 성모님,
저를 방해하는 이 매듭(   )을 받으소서.
당신 손의 힘으로 이 매듭을 풀어 주소서.

매듭을 푸는 성모님, 저를 위하여 빌어 주소서.

4) 묵주 기도 4, 5단(127~150쪽의 각 요일에 해당하는 신비)**을 바친다.**

5) 마침 기도

매듭을 푸는 하느님의 어머니께

매듭을 푸시는 우리의 어머니, 당신의 보호를 바라고 도움을 간청하는 자를 당신께서는 결코 외면하지 않으시나이다. 이 믿음에 힘입어 당신께 달려드나이다. 동정녀들의 동정녀이신 어머니, 뉘우치는 죄인인 제가 당신 앞에 와 엎드리나이다. 예수 그리스도의 어머니, 저의 기도를 외면하지 마시고 자비로운 마음으로 들어 허락하소서.

당신은 우리의 모든 매듭을 푸는 분이시나이다!

하느님 사랑 가득한 당신 손으로 우리의 발걸음에 놓인 장애물들을 매듭을 풀듯 풀어 주소서. 하느님 사랑으로 당신 손에서 그것들이 구김 없는 리본으로, 평평한 길로 변화되게 하소서.

이제 연민 가득한 당신 눈길로 저를 바라보소서. 얼마나 많은 매듭들이 저의 삶을 숨 막히게 하는지 보소서. 당신은 저의 아픔과 고통을 아시나이다. 이 매듭들이 얼마나 저의 몸과 마음을 굳게 하는지도 아시나이다.

성모 마리아님, 하느님의 어머니시며 은총이 가득한 동정녀시여, 하느님께서 당신 자녀들 삶의 매듭들을 풀도록 책임을 맡기셨으니 오늘 당신 손 안에 매듭들을 드리나이다.

- 모든 물질적 어려움과 가족 문제, 학업, 직업, 영성적 문제들
- 오래전부터 나를 괴롭히고 있지만 어떻게 해결해야 할지 모르는 문제들
- 해결책이 보이지 않게 가로막혀 있거나 뒤엉켜 풀 수 없는 상황들
- 가족 간의 다툼, 부모 자식 간의 몰이해, 존경심의 부재, 폭력

- 부부 간의 원한과 아픔, 가정 안에 평화와 기쁨의 부재
- 헤어진 부부들의 고뇌와 좌절, 가족 간의 불화
- 자식의 마약 중독, 병에 걸림, 가출, 하느님으로부터 멀어짐
- 알코올 중독, 우리 자신의 악습들, 우리가 사랑하는 이들의 악습들
- 타인으로부터 받은 상처들
- 우리를 고통스럽게 괴롭히는 원한
- 죄책감, 유산, 병, 실업, 두려움, 불화, 실패, 빚짐, 슬픔, 이혼, 재정적 걱정, 스트레스, 고독
- 신비술, 마술, 미신, 불신앙, 교만, 우리 삶의 죄들
- 자존심으로 인해 생긴 매듭들
- 자유롭게 살고 관대하게 사랑할 수 없게 하는 우리의 마음

성모님, 당신 손 안에 풀리지 못할 매듭은 단 하나도 없나이다. 구원자이신 당신의 아드님 예수님 곁에서 중재하시는 능력으로 오늘 특별히 이 매듭(   )을 받으소서. 하느님의 영광을 위하여 이 매듭을 영원히 풀어 주실 것을 청하나이다. 하느님께서 주신 유일한 위로자이신 당신께 저의 희망을 두나이다. 당신은 저의 연약함에 강인함이시고, 저의 보잘것없음에 부요함이시며, 그리스도와의 일치를 막는 모든 것들에 대한 자유로움이시나이

다. 저의 호소를 받아 주소서. 저를 바라보시고, 인도하시며 보호하소서. 당신은 유일하고 안전한 피난처이시나이다. 매듭을 푸시는 성모님, 이제와 우리 죽을 때 당신의 아들 우리 주 예수 그리스도께 저를 위하여 빌어 주소서. 아멘.

매듭을 푸는 성모님께 드리는 기도

그리스도의 어머니이시며 교회의 어머니이신 성모님, 모든 이들과 가정의 여왕이신 분, 당신께서는 죄의 멍에를 부수신 하느님의 아들을 잉태하셨나이다. 저희가 하느님의 자녀들이 누리는 참된 자유에 머물 수 있도록 은총을 얻어 주소서.

순결한 동정녀이시며 평화의 모후이신 당신의 거룩한 손으로 우리의 삶을 슬프고 어지럽게 하는 뒤엉킨 매듭들을 풀어 주소서. 저희가 순수하고 단순한 마음으로 선한 것에 봉사하며, 언제든지 용서하고 화해할 수 있도록 도우소서. 그리스도의 사랑 안에서 그리스도를 그 누구보다도 사랑하며 진실한 마음으로 우리 형제들을 사랑하게 하소서. 아멘.

매듭을 푸는 성모님께 드리는 감사 기도

매듭을 푸시는 성모님, 기쁨과 감사 넘치는 영혼으로 받은 은혜에 감사드리려 당신께 돌아왔나이다. 저는 온전히 당신의 것이기를 바라나이다. 제가 교회 안에서 당신과 함께 예수님께 온전히 충실하도록 도와주소서.

거룩한 동정녀시여, 자애로운 마음으로 언제나 저의 손을 잡으시고 예수님을 사랑하도록 제 마음을 이끌어 주시니 감사드리나이다. 모든 평화와 은총의 샘이신 하느님 안에서만 저의 선익을 찾도록 가르치시니 감사드리나이다. 영원으로부터 저를 위하여 세우신 계획을 이루기 위해 하느님의 뜻만 실행할 것을 열망하도록 가르치시니 감사드리나이다.

예수님과 함께 예수님을 위하여 살도록 가르치시니 감사드리나이다.

제가 넘어지더라도 용서와 기쁨의 성사를 통하여 예수님께 돌아가도록 도와주시니 감사드리나이다. 거룩한 동정녀시여, 이러한 제 마음속 하느님의 평화로 모든 이에게 참기쁨과 평화를 가져다줄 수 있겠나이다. 당신의 아드님께서 우리가 그분을 만나도록 남기신 표지인 모든 성사들에 대한 큰 사랑을 저에게 주소서. 성모님, 저의 가정을 보호해 주시니 감사드리나이다. 저의 가정이 언제나 하나로 일치하고 하느님의 무한한 사랑 안에 굳건하게 하소서.

성모님, 저의 가정에 필요한 영적 물질적 은혜들을 나누어 주시고, 특별히 믿음과 소망과 사랑이 자라게 하시니 감사드리나이다. 저에게 이 9일 기도의 힘을 알게 해 주셨으니 감사드리나이다. 아멘.

(십자 성호를 그으며)

성부와 성자와 성령의 이름으로 아멘.

9일 기도 여덟째 날

1) 시작 기도

기도를 시작하면서 위로자이신 성령을 보내 주시기를 우리 주님이신 그리스도를 통하여 하느님 아버지께 청한다. 성령께서는 기도하는 법을 가르치시는 내적 스승이시다. "성령에 힘입지 않고서는 아무도 '예수님은 주님이시다.' 할 수 없습니다."(1코린 12,3) 교회는 매일, 특별히 모든 중요한 일을 시작하고 마칠 때 성령을 청하도록 우리를 초대한다.

(십자 성호를 그으며)
성부와 성자와 성령의 이름으로 아멘.

성령 송가

오소서, 성령님. 주님의 빛, 그 빛살을 하늘에서 내리소서.
가난한 이 아버지, 오소서 은총 주님, 오소서 마음의 빛.
가장 좋은 위로자, 영혼의 기쁜 손님, 저희 생기 돋우소서.
일할 때에 휴식을, 무더위에 시원함을, 슬플 때에 위로를.

영원하신 행복의 빛, 저희 마음 깊은 곳을 가득하게 채우소서.
주님 도움 없으시면, 저희 삶의 그 모든 것, 해로운 것뿐이리라.
허물들은 씻어 주고, 메마른 땅 물 주시고, 병든 것을 고치소서.
굳은 마음 풀어 주고, 차디찬 맘 데우시고, 빗나간 길 바루소서.
성령님을 굳게 믿고, 의지하는 이들에게, 성령 칠은 베푸소서.
덕행 공로 쌓게 하고, 구원의 문 활짝 열어, 영원 복락 주옵소서.
아멘.

사도신경

전능하신 천주 성부
천지의 창조주를 저는 믿나이다.
그 외아들 우리 주 예수 그리스도님
성령으로 인하여 동정 마리아께 잉태되어 나시고
본시오 빌라도 통치 아래서 고난을 받으시고
십자가에 못 박혀 돌아가시고 묻히셨으며
저승에 가시어 사흘날에 죽은 이들 가운데서 부활하시고
하늘에 올라 전능하신 천주 성부 오른편에 앉으시며
그리로부터 산 이와 죽은 이를 심판하러 오시리라 믿나이다.
성령을 믿으며

거룩하고 보편된 교회와 모든 성인의 통공을 믿으며
죄의 용서와 육신의 부활을 믿으며
영원한 삶을 믿나이다. 아멘.

성령 송가와 사도신경을 바친 후에 잠시 양심 성찰을 한다. 어떤 큰 죄가 양심을 괴롭힌다면 가능한 빨리 고해성사를 본다. 우리는 하느님의 자비가 필요한 사람임을 인정하고 겸손되이 우리 죄의 용서를 청하고 다시는 죄를 짓지 않겠다고 굳게 결심한다.

통회기도

하느님,
제가 죄를 지어
참으로 사랑받으셔야 할
하느님의 마음을 아프게 하였기에
악을 저지르고 선을 멀리한 모든 잘못을
진심으로 뉘우치나이다.
하느님의 은총으로 속죄하고
다시는 죄를 짓지 않으며
죄지을 기회를 피하기로 굳게 다짐하오니

우리 구세주 예수 그리스도의 수난 공로를 보시고
저에게 자비를 베풀어 주소서. 아멘

매듭을 푸는 성모님께

매듭을 푸시는 우리의 성모님,
당신께서는 제 삶이 매듭들로 가득하다는 것을 알고 계십니다.
그 매듭들은 제 숨을 막고,
저를 무너뜨리고, 억압하며 노예로 만듭니다.
당신께 신뢰하며 의탁하오니 저의 매듭들을 풀어 주소서.
당신의 힘 있는 전구로
주님께서 저에게 마음의 평화와 영육의 건강을 허락하시고
저를 한없는 기쁨으로 인도하게 하소서.
성모님, 제가 악의 유혹에 떨어지지 않도록 지켜 주소서.
모든 종살이와 두려움 그리고 불안에서 저를 자유롭게 하소서.
올바른 길을 걷고 오류에 떨어지지 않도록 은총을 부어 주소서.
오늘 저의 매듭들을 풀어 주소서. 그리고 저의 때가 이르면 죽음의 마지막 매듭을 풀어 주소서. 그리하여 마침내 제가 모든 죄악으로부터 온전히 해방되어 영원한 행복에 이르게 하소서.
아멘.

2) 묵주 기도 1, 2, 3단(127~150쪽의 각 요일에 해당하는 신비)**을 바친다.**

3) 9일 기도

엘리사벳이 마리아의 인사말을 들을 때 그의 태 안에서 아기가 뛰놀았다. 엘리사벳은 성령으로 가득 차 큰 소리로 외쳤다. "당신은 여인들 가운데에서 가장 복되시며 당신 태중의 아기도 복되십니다. 내 주님의 어머니께서 저에게 오시다니 어찌 된 일입니까? 보십시오, 당신의 인사말 소리가 제 귀에 들리자 저의 태 안에서 아기가 즐거워 뛰놀았습니다. 행복하십니다, 주님께서 하신 말씀이 이루어지리라고 믿으신 분!"(루카 1,41-45)

청원

동정이시며 자비 가득하신 하느님의 어머니, 저를 가엾이 여기시어 이 매듭(   )을 풀어 주소서. 엘리사벳을 방문하신 것처럼 저를 찾아 주소서. 예수님을 제게 모셔 오소서. 그분께서 저에게 성령을 주실 것이기 때문입니다. 겸손의 덕을 실천하도록 저를 가르치소서. 엘리사벳처럼 저도 성령으로 가득하게 하소서. 마리아, 저의 어머니시여, 당신께 제 마음과 저의 모든 것을 드리나이다. 저의 집, 저의 가족, 내적 외적 재산들을 모두 드리나이다. 저는 영원히 당신께 속하나이다. 제 안에 당신의 마음을 주시어 제가 하느님의 뜻을 이룰 수 있게 하소서.

착한 의견의 어머니이신 성모님,
저를 방해하는 이 매듭(   )을 받으소서.
당신 손의 힘으로 이 매듭을 풀어 주소서.

매듭을 푸는 성모님, 저를 위하여 빌어 주소서.

4) 묵주 기도 4, 5단(127~150쪽의 각 요일에 해당하는 신비)**을 바친다.**

5) 마침 기도

매듭을 푸는 하느님의 어머니께

매듭을 푸시는 우리의 어머니, 당신의 보호를 바라고 도움을 간청하는 자를 당신께서는 결코 외면하지 않으시나이다. 이 믿음에 힘입어 당신께 달려드나이다. 동정녀들의 동정녀이신 어머니, 뉘우치는 죄인인 제가 당신 앞에 와 엎드리나이다. 예수 그리스도의 어머니, 저의 기도를 외면하지 마시고 자비로운 마음으로 들어 허락하소서.

당신은 우리의 모든 매듭을 푸는 분이시나이다!

하느님 사랑 가득한 당신 손으로 우리의 발걸음에 놓인 장애물들을 매듭을 풀듯 풀어 주소서. 하느님 사랑으로 당신 손에서 그것들이 구김 없는 리본으로, 평평한 길로 변화되게 하소서.

이제 연민 가득한 당신 눈길로 저를 바라보소서. 얼마나 많은 매듭들이 저의 삶을 숨 막히게 하는지 보소서. 당신은 저의 아픔과 고통을 아시나이다. 이 매듭들이 얼마나 저의 몸과 마음을 굳게 하는지도 아시나이다.

성모 마리아님, 하느님의 어머니시며 은총이 가득한 동정녀시여, 하느님께서 당신 자녀들 삶의 매듭들을 풀도록 책임을 맡기셨으니 오늘 당신 손 안에 매듭들을 드리나이다.

- 모든 물질적 어려움과 가족 문제, 학업, 직업, 영성적 문제들
- 오래전부터 나를 괴롭히고 있지만 어떻게 해결해야 할지 모르는 문제들
- 해결책이 보이지 않게 가로막혀 있거나 뒤엉켜 풀 수 없는 상황들
- 가족 간의 다툼, 부모 자식 간의 몰이해, 존경심의 부재, 폭력
- 부부 간의 원한과 아픔, 가정 안에 평화와 기쁨의 부재

- 헤어진 부부들의 고뇌와 좌절, 가족 간의 불화
- 자식의 마약 중독, 병에 걸림, 가출, 하느님으로부터 멀어짐
- 알코올 중독, 우리 자신의 악습들, 우리가 사랑하는 이들의 악습들
- 타인으로부터 받은 상처들
- 우리를 고통스럽게 괴롭히는 원한
- 죄책감, 유산, 병, 실업, 두려움, 불화, 실패, 빚짐, 슬픔, 이혼, 재정적 걱정, 스트레스, 고독
- 신비술, 마술, 미신, 불신앙, 교만, 우리 삶의 죄들
- 자존심으로 인해 생긴 매듭들
- 자유롭게 살고 관대하게 사랑할 수 없게 하는 우리의 마음

성모님, 당신 손 안에 풀리지 못할 매듭은 단 하나도 없나이다. 구원자이신 당신의 아드님 예수님 곁에서 중재하시는 능력으로 오늘 특별히 이 매듭( )을 받으소서. 하느님의 영광을 위하여 이 매듭을 영원히 풀어 주실 것을 청하나이다. 하느님께서 주신 유일한 위로자이신 당신께 저의 희망을 두나이다. 당신은 저의 연약함에 강인함이시고, 저의 보잘것없음에 부요함이시며, 그리스도와의 일치를 막는 모든 것들에 대한 자유로움이시나이다. 저의 호소를 받아 주소서. 저를 바라보시고, 인도하시며 보

9일 기도 여덟째 날

호하소서. 당신은 유일하고 안전한 피난처이시나이다. 매듭을 푸시는 성모님, 이제와 우리 죽을 때 당신의 아들 우리 주 예수 그리스도께 저를 위하여 빌어 주소서. 아멘.

매듭을 푸는 성모님께 드리는 기도

그리스도의 어머니이시며 교회의 어머니이신 성모님, 모든 이들과 가정의 여왕이신 분, 당신께서는 죄의 멍에를 부수신 하느님의 아들을 잉태하셨나이다. 저희가 하느님의 자녀들이 누리는 참된 자유에 머물 수 있도록 은총을 얻어 주소서.

순결한 동정녀이시며 평화의 모후이신 당신의 거룩한 손으로 우리의 삶을 슬프고 어지럽게 하는 뒤엉킨 매듭들을 풀어 주소서. 저희가 순수하고 단순한 마음으로 선한 것에 봉사하며, 언제든지 용서하고 화해할 수 있도록 도우소서. 그리스도의 사랑 안에서 그리스도를 그 누구보다도 사랑하며 진실한 마음으로 우리 형제들을 사랑하게 하소서. 아멘.

매듭을 푸는 성모님께 드리는 감사 기도

매듭을 푸시는 성모님, 기쁨과 감사 넘치는 영혼으로 받은 은혜에 감사드리려 당신께 돌아왔나이다. 저는 온전히 당신의 것이기를 바라나이다. 제가 교회 안에서 당신과 함께 예수님께 온전히 충실하도록 도와주소서.

거룩한 동정녀시여, 자애로운 마음으로 언제나 저의 손을 잡으시고 예수님을 사랑하도록 제 마음을 이끌어 주시니 감사드리나이다. 모든 평화와 은총의 샘이신 하느님 안에서만 저의 선익을 찾도록 가르치시니 감사드리나이다. 영원으로부터 저를 위하여 세우신 계획을 이루기 위해 하느님의 뜻만 실행할 것을 열망하도록 가르치시니 감사드리나이다.

예수님과 함께 예수님을 위하여 살도록 가르치시니 감사드리나이다.

제가 넘어지더라도 용서와 기쁨의 성사를 통하여 예수님께 돌아가도록 도와주시니 감사드리나이다. 거룩한 동정녀시여, 이러한 제 마음속 하느님의 평화로 모든 이에게 참기쁨과 평화를 가져다줄 수 있겠나이다. 당신의 아드님께서 우리가 그분을 만나도록 남기신 표지인 모든 성사들에 대한 큰 사랑을 저에게 주소서. 성모님, 저의 가정을 보호해 주시니 감사드리나이다. 저의 가정이 언제나 하나로 일치하고 하느님의 무한한 사랑 안에 굳건하게 하소서.

성모님, 저의 가정에 필요한 영적 물질적 은혜들을 나누어 주시고, 특별히 믿음과 소망과 사랑이 자라게 하시니 감사드리나이다. 저에게 이 9일 기도의 힘을 알게 해 주셨으니 감사드리나이다. 아멘.

(십자 성호를 그으며)

성부와 성자와 성령의 이름으로 아멘.

9일 기도 아홉째 날

1) 시작 기도

기도를 시작하면서 위로자이신 성령을 보내 주시기를 우리 주님이신 그리스도를 통하여 하느님 아버지께 청한다. 성령께서는 기도하는 법을 가르치시는 내적 스승이시다. "성령에 힘입지 않고서는 아무도 '예수님은 주님이시다.' 할 수 없습니다."(1코린 12,3) 교회는 매일, 특별히 모든 중요한 일을 시작하고 마칠 때 성령을 청하도록 우리를 초대한다.

(십자 성호를 그으며)
성부와 성자와 성령의 이름으로 아멘.

성령 송가

오소서, 성령님. 주님의 빛, 그 빛살을 하늘에서 내리소서.
가난한 이 아버지, 오소서 은총 주님, 오소서 마음의 빛.
가장 좋은 위로자, 영혼의 기쁜 손님, 저희 생기 돋우소서.
일할 때에 휴식을, 무더위에 시원함을, 슬플 때에 위로를.

영원하신 행복의 빛, 저희 마음 깊은 곳을 가득하게 채우소서.
주님 도움 없으시면, 저희 삶의 그 모든 것, 해로운 것뿐이리라.
허물들은 씻어 주고, 메마른 땅 물 주시고, 병든 것을 고치소서.
굳은 마음 풀어 주고, 차디찬 맘 데우시고, 빗나간 길 바루소서.
성령님을 굳게 믿고, 의지하는 이들에게, 성령 칠은 베푸소서.
덕행 공로 쌓게 하고, 구원의 문 활짝 열어, 영원 복락 주옵소서.
아멘.

사도신경

전능하신 천주 성부
천지의 창조주를 저는 믿나이다.
그 외아들 우리 주 예수 그리스도님
성령으로 인하여 동정 마리아께 잉태되어 나시고
본시오 빌라도 통치 아래서 고난을 받으시고
십자가에 못 박혀 돌아가시고 묻히셨으며
저승에 가시어 사흘날에 죽은 이들 가운데서 부활하시고
하늘에 올라 전능하신 천주 성부 오른편에 앉으시며
그리로부터 산 이와 죽은 이를 심판하러 오시리라 믿나이다.
성령을 믿으며

거룩하고 보편된 교회와 모든 성인의 통공을 믿으며

죄의 용서와 육신의 부활을 믿으며

영원한 삶을 믿나이다. 아멘.

성령 송가와 사도신경을 바친 후에 잠시 양심 성찰을 한다. 어떤 큰 죄가 양심을 괴롭힌다면 가능한 빨리 고해성사를 본다. 우리는 하느님의 자비가 필요한 사람임을 인정하고 겸손되이 우리 죄의 용서를 청하고 다시는 죄를 짓지 않겠다고 굳게 결심한다.

통회기도

하느님,

제가 죄를 지어

참으로 사랑받으셔야 할

하느님의 마음을 아프게 하였기에

악을 저지르고 선을 멀리한 모든 잘못을

진심으로 뉘우치나이다.

하느님의 은총으로 속죄하고

다시는 죄를 짓지 않으며

죄지을 기회를 피하기로 굳게 다짐하오니

우리 구세주 예수 그리스도의 수난 공로를 보시고
저에게 자비를 베풀어 주소서. 아멘

매듭을 푸는 성모님께

매듭을 푸시는 우리의 성모님,
당신께서는 제 삶이 매듭들로 가득하다는 것을 알고 계십니다.
그 매듭들은 제 숨을 막고,
저를 무너뜨리고, 억압하며 노예로 만듭니다.
당신께 신뢰하며 의탁하오니 저의 매듭들을 풀어 주소서.
당신의 힘 있는 전구로
주님께서 저에게 마음의 평화와 영육의 건강을 허락하시고
저를 한없는 기쁨으로 인도하게 하소서.
성모님, 제가 악의 유혹에 떨어지지 않도록 지켜 주소서.
모든 종살이와 두려움 그리고 불안에서 저를 자유롭게 하소서.
올바른 길을 걷고 오류에 떨어지지 않도록 은총을 부어 주소서.
오늘 저의 매듭들을 풀어 주소서. 그리고 저의 때가 이르면 죽음의 마지막 매듭을 풀어 주소서. 그리하여 마침내 제가 모든 죄악으로부터 온전히 해방되어 영원한 행복에 이르게 하소서.
아멘.

2) 묵주 기도 1, 2, 3단(127~150쪽의 각 요일에 해당하는 신비)**을 바친다.**

3) 9일 기도

사흘째 되는 날, 갈릴래아 카나에서 혼인 잔치가 있었는데, 예수님의 어머니도 계셨다. 예수님도 제자들과 함께 그 혼인 잔치에 초대를 받으셨다. 그런데 포도주가 떨어지자 예수님의 어머니가 예수님께 "포도주가 없구나." 하였다. 예수님께서 어머니에게 말씀하셨다. "여인이시여, 저에게 무엇을 바라십니까? 아직 저의 때가 오지 않았습니다." 그분의 어머니는 일꾼들에게 "무엇이든지 그가 시키는 대로 하여라." 하고 말하였다. (요한 2,1-5)

청원

동정녀이시며 저의 어머니이신 성모님, 당신께 달려듭니다. 눈물 흘리는 불쌍한 죄인인 제가 당신께 달려와 당신 앞에 서 있나이다. 저의 간청을 외면하지 마시고 자애로운 마음으로 들으시어 허락하소서. 당신께 청하오니 제 삶의 이 매듭(   )을 풀어 주소서. 이 매듭이 저를 얼마나 힘들고 고통스럽게 하는지를 당신께서 아시나이다.

어머니, 당신의 자비로 제 눈의 눈물을 닦아 주시니 감사드리나이다. 저를 당신 팔에 받아 주시고, 하느님의 은총을 받도록 저를 준비시켜 주시니 감사드리나이다. 매듭을 푸시는 성모님, 사랑하올 저의 어머니, 제 삶의 매듭을 풀어 주시니 감사드리나이다. 오늘 당신께서 행하시는 모든 것은 아무리 작은 것이라도 결코 헛되지 않나이다. 성모님, 저를 위해 모범과 안내자가 되어 주소서. 하느님께서 허락하신 구체적인 삶의 자리에서 당신의 덕을 배우고자 하나이다. 당신 사랑의 망토로 저를 감싸시어 저를 당신 보호 아래 있게 하시고 하느님만이 주실 수 있는 평화가 제 안에 가득하게 하소서.

착한 의견의 어머니이신 성모님,
저를 방해하는 이 매듭(　)을 받으소서.
당신 손의 힘으로 이 매듭을 풀어 주소서.

매듭을 푸는 성모님, 저를 위하여 빌어 주소서.

4) 묵주 기도 4, 5단(127~150쪽의 각 요일에 해당하는 신비)**을 바친다.**

5) 마침 기도

매듭을 푸는 하느님의 어머니께

매듭을 푸시는 우리의 어머니, 당신의 보호를 바라고 도움을 간청하는 자를 당신께서는 결코 외면하지 않으시나이다. 이 믿음에 힘입어 당신께 달려드나이다. 동정녀들의 동정녀이신 어머니, 뉘우치는 죄인인 제가 당신 앞에 와 엎드리나이다. 예수 그리스도의 어머니, 저의 기도를 외면하지 마시고 자비로운 마음으로 들어 허락하소서.

당신은 우리의 모든 매듭을 푸는 분이시나이다!

하느님 사랑 가득한 당신 손으로 우리의 발걸음에 놓인 장애물들을 매듭을 풀듯 풀어 주소서. 하느님 사랑으로 당신 손에서 그것들이 구김 없는 리본으로, 평평한 길로 변화되게 하소서.

이제 연민 가득한 당신 눈길로 저를 바라보소서. 얼마나 많은 매듭들이 저의 삶을 숨 막히게 하는지 보소서. 당신은 저의 아픔과 고통을 아시나이다. 이 매듭들이 얼마나 저의 몸과 마음을 굳게 하는지도 아시나이다.

성모 마리아님, 하느님의 어머니시며 은총이 가득한 동정녀시여, 하느님께서 당신 자녀들 삶의 매듭들을 풀도록 책임을 맡기셨으니 오늘 당신 손 안에 매듭들을 드리나이다.

- 모든 물질적 어려움과 가족 문제, 학업, 직업, 영성적 문제들
- 오래전부터 나를 괴롭히고 있지만 어떻게 해결해야 할지 모르는 문제들
- 해결책이 보이지 않게 가로막혀 있거나 뒤엉켜 풀 수 없는 상황들
- 가족 간의 다툼, 부모 자식 간의 몰이해, 존경심의 부재, 폭력
- 부부 간의 원한과 아픔, 가정 안에 평화와 기쁨의 부재
- 헤어진 부부들의 고뇌와 좌절, 가족 간의 불화
- 자식의 마약 중독, 병에 걸림, 가출, 하느님으로부터 멀어짐
- 알코올 중독, 우리 자신의 악습들, 우리가 사랑하는 이들의 악습들
- 타인으로부터 받은 상처들
- 우리를 고통스럽게 괴롭히는 원한
- 죄책감, 유산, 병, 실업, 두려움, 불화, 실패, 빚짐, 슬픔, 이혼, 재정적 걱정, 스트레스, 고독
- 신비술, 마술, 미신, 불신앙, 교만, 우리 삶의 죄들
- 자존심으로 인해 생긴 매듭들
- 자유롭게 살고 관대하게 사랑할 수 없게 하는 우리의 마음

성모님, 당신 손 안에 풀리지 못할 매듭은 단 하나도 없나이다. 구원자이신 당신의 아드님 예수님 곁에서 중재하시는 능력으로 오늘 특별히 이 매듭(   )을 받으소서. 하느님의 영광을 위하여 이 매듭을 영원히 풀어 주실 것을 청하나이다. 하느님께서 주신 유일한 위로자이신 당신께 저의 희망을 두나이다. 당신은 저의 연약함에 강인함이시고, 저의 보잘것없음에 부요함이시며, 그리스도와의 일치를 막는 모든 것들에 대한 자유로움이시나이다. 저의 호소를 받아 주소서. 저를 바라보시고, 인도하시며 보호하소서. 당신은 유일하고 안전한 피난처이시나이다. 매듭을 푸시는 성모님, 이제와 우리 죽을 때 당신의 아들 우리 주 예수 그리스도께 저를 위하여 빌어 주소서. 아멘.

매듭을 푸는 성모님께 드리는 기도

그리스도의 어머니이시며 교회의 어머니이신 성모님, 모든 이들과 가정의 여왕이신 분, 당신께서는 죄의 멍에를 부수신 하느님의 아들을 잉태하셨나이다. 저희가 하느님의 자녀들이 누리는 참된 자유에 머물 수 있도록 은총을 얻어 주소서.

순결한 동정녀이시며 평화의 모후이신 당신의 거룩한 손으로 우리의 삶을 슬프고 어지럽게 하는 뒤엉킨 매듭들을 풀어 주소서. 저희가 순수하고 단순한 마음으로 선한 것에 봉사하며, 언제든지 용서하고 화해할 수 있도록 도우소서. 그리스도의 사랑 안에서 그리스도를 그 누구보다도 사랑하며 진실한 마음으로 우리 형제들을 사랑하게 하소서. 아멘.

매듭을 푸는 성모님께 드리는 감사 기도

매듭을 푸시는 성모님, 기쁨과 감사 넘치는 영혼으로 받은 은혜에 감사드리려 당신께 돌아왔나이다. 저는 온전히 당신의 것이기를 바라나이다. 제가 교회 안에서 당신과 함께 예수님께 온전히 충실하도록 도와주소서.

거룩한 동정녀시여, 자애로운 마음으로 언제나 저의 손을 잡으시고 예수님을 사랑하도록 제 마음을 이끌어 주시니 감사드리나이다. 모든 평화와 은총의 샘이신 하느님 안에서만 저의 선익을 찾도록 가르치시니 감사드리나이다. 영원으로부터 저를 위하여 세우신 계획을 이루기 위해 하느님의 뜻만 실행할 것을 열망하도록 가르치시니 감사드리나이다.

예수님과 함께 예수님을 위하여 살도록 가르치시니 감사드리나이다.

제가 넘어지더라도 용서와 기쁨의 성사를 통하여 예수님께 돌아가도록 도와주시니 감사드리나이다. 거룩한 동정녀시여, 이러한 제 마음속 하느님의 평화로 모든 이에게 참기쁨과 평화를 가져다줄 수 있겠나이다. 당신의 아드님께서 우리가 그분을 만나도록 남기신 표지인 모든 성사들에 대한 큰 사랑을 저에게 주소서. 성모님, 저의 가정을 보호해 주시니 감사드리나이다. 저의 가정이 언제나 하나로 일치하고 하느님의 무한한 사랑 안에 굳건하게 하소서.

성모님, 저의 가정에 필요한 영적 물질적 은혜들을 나누어 주시고, 특별히 믿음과 소망과 사랑이 자라게 하시니 감사드리나이다. 저에게 이 9일 기도의 힘을 알게 해 주셨으니 감사드리나이다. 아멘.

(십자 성호를 그으며)

성부와 성자와 성령의 이름으로 아멘.

3장

묵주 기도

묵주 기도의 매 신비를 바칠 때마다 해당 성경 구절을 읽고 신비를 묵상하기 위하여 잠시 머문다. 동정녀 마리아께 마음을 열고 특별히 필요한 은총이나 덕을 달라고 주님께 청한다.

각 단 끝의 영광송 다음에 아래 기도들을 바친다.

예수님, 저희 죄를 용서하시며,
저희를 지옥 불에서 구하시고,
연옥 영혼을 돌보시며 가장 버림받은 영혼을 돌보소서.
(구원을 비는 기도)

나의 하느님,
당신을 믿고 찬양하며 희망하고 사랑합니다.
당신을 믿지 않고, 찬양하지 않으며
희망하지 않고 사랑하지 않는 이들을 용서하소서.

오, 지극히 거룩하신 성삼, 성부 성자 성령이여,
마음 깊이 당신을 찬미하나이다.
세상 모든 감실 안에 계신 예수 그리스도의
지극히 보배로운 몸과 피와 영혼과 신성을 당신께 바치오니,
예수님의 마음을 상해 드린 불법과 모독과 무관심을
기워 갚기 위함이나이다.

예수 성심의 무한한 공로와 티 없으신 마리아의 공로로
삼가 청하오니,
불쌍한 죄인들이 회개하게 하소서.
(파티마의 세 어린이에게 나타난 평화의 천사, 1917)

거룩하신 이름 예수, 요셉, 마리아는 영원히 찬미받으소서.
평화의 모후시여, 저희를 위하여 빌어 주소서.
성 요셉, 저희를 위하여 빌어 주소서.
대천사 성 미카엘, 저희를 위하여 빌어 주소서.

저를 지켜 주시는 수호천사님,
인자하신 주님께서 저를 당신께 맡기셨으니,
저를 비추시고 지켜 주시며 인도하시고 다스리소서. 아멘.

주님, 그들에게 영원한 안식을 주소서.
영원한 빛을 그들에게 비추소서.
세상을 떠난 모든 이가 하느님의 자비로
평화의 안식을 얻게 하소서. 아멘.

환희의 신비(월요일, 토요일)

환희의 신비를 묵상한다는 것은 육화의 신비와 고뇌의 구원 신비가 감추어진 천사의 알림에 마음을 모으는 것이다. 성모님께서는 우리가 그리스도교적 기쁨의 신비를 이해하도록 도우신다. 그리스도교는 무엇보다도 그 중심에 '기쁜 소식'이 있으며 그것이 내용 자체임을, 그리스도의 인격 안에서 세상의 유일한 구원자이신 성자께서 사람이 되셨음을 기억하게 한다.

1단 마리아께서 예수님을 잉태하심을 묵상합시다

천사가 마리아의 집으로 들어가 말하였다. "은총이 가득한 이여, 기뻐하여라. 주님께서 너와 함께 계시다." 보라, 이제 네가 잉태하여 아들을 낳을 터이니 그 이름을 예수라 하여라.(루카 1,28.31)

성모님, 당신의 응답으로 구원의 시작을 알리셨으니
모든 가정이 생명과 사랑에로 불리었음을 깊이 깨닫게 하소서.

2단 마리아께서 엘리사벳을 찾아보심을 묵상합시다

엘리사벳이 마리아의 인사말을 들을 때 그의 태 안에서 아기가 뛰놀았다. 엘리사벳은 성령으로 가득 차 큰 소리로 외쳤다. "당신은 여인들 가운데에서 가장 복되시며 당신 태중의 아기도 복되십니다."(루카 1,41-42)

성모님, 저희 가정이 희망의 덕을 지니게 하소서.
그리하여 저희가 주님이신 그리스도를 언제나 바라보게 하소서.

3단 마리아께서 예수님을 낳으심을 묵상합시다

"오늘 너희를 위하여 다윗 고을에서 구원자가 태어나셨으니, 주 그리스도이시다. 너희는 포대기에 싸여 구유에 누워 있는 아기를 보게 될 터인데, 그것이 너희를 위한 표징이다."(루카 2,11-12)

성모님, 부부들이 하느님의 선물인 자녀들을
사랑으로 받아들이고 책임을 다할 수 있도록 도우소서.

9일 기도로 돌아간다.

4단 마리아께서 예수님을 성전에 바치심을 묵상합시다

모세의 율법에 따라 정결례를 거행할 날이 되자, 그들은 아기를 예루살렘으로 데리고 올라가 주님께 바쳤다. (루카 2,22)

예수님을 우리에게 내어 주신 성모님, 저희 마음과 집 안에
예수님을 기쁘게 맞아들이도록 도우소서.

5단 마리아께서 잃으셨던 예수님을 성전에서 찾으심을 묵상합시다

"왜 저를 찾으셨습니까? 저는 제 아버지의 집에 있어야 하는 줄을 모르셨습니까?" 그의 어머니는 이 모든 일을 마음속에 간직하였다. (루카 2,49.51)

성모님, 저희가 언제나 거룩하게 살도록 가르치시며,
가정 교회인 믿는 이들의 가정을 항상 보호하소서.

성모 찬송과 성모 호칭 기도(134~139쪽)를 바친 후에
9일 기도 마침 기도로 돌아간다.

성모 찬송

모후이시며 사랑에 넘친 어머니,

우리의 생명, 기쁨, 희망이시여,

당신 우러러 하와의 그 자손들이

눈물을 흘리며 부르짖나이다.

슬픔의 골짜기에서,

우리들의 보호자 성모님,

불쌍한 저희를 인자로운 눈으로 굽어보소서.

귀양살이 끝날 때에

당신의 아들 우리 주 예수님 뵙게 하소서.

너그러우시고, 자애로우시며

오, 아름다우신 동정 마리아님.

천주의 성모님, 저희를 위하여 빌어주시어

그리스도께서 약속하신 영원한 생명을 얻게 하소서.

+ 기도합시다.

하느님, 외아드님이 삶과 죽음과 부활로써

저희에게 영원한 구원을 마련해 주셨나이다.

복되신 동정 마리아와 함께 이 신비를 묵상하며

묵주 기도를 바치오니
저희가 그 가르침을 따라
영원한 생명을 얻게 하소서.
우리 주 그리스도를 통하여 비나이다. 아멘.

성모 호칭 기도

주님, 자비를 베푸소서.
그리스도님, 자비를 베푸소서.
주님, 자비를 베푸소서.
그리스도님, 저희의 기도를 들으소서.
그리스도님, 저희의 기도를 들어주소서.

하늘에 계신 천주 성부님 자비를 베푸소서.
세상을 구원하신 천주 성자님 자비를 베푸소서.
천주 성령님 자비를 베푸소서.
삼위일체이신 하느님 자비를 베푸소서.

성모 마리아님 저희를 위하여 빌어 주소서.
천주의 성모님 저희를 위하여 빌어 주소서.

지극히 거룩하신 동정녀 저희를 위하여 빌어 주소서.

그리스도의 어머니 저희를 위하여 빌어 주소서.

교회의 어머니 저희를 위하여 빌어 주소서.

천상 은총의 어머니 저희를 위하여 빌어 주소서.

티 없으신 어머니 저희를 위하여 빌어 주소서.

지극히 깨끗하신 어머니 저희를 위하여 빌어 주소서.

순결하신 어머니 저희를 위하여 빌어 주소서.

흠 없으신 어머니 저희를 위하여 빌어 주소서.

사랑하올 어머니 저희를 위하여 빌어 주소서.

탄복하올 어머니 저희를 위하여 빌어 주소서.

슬기로우신 어머니 저희를 위하여 빌어 주소서.

창조주의 어머니 저희를 위하여 빌어 주소서.

구세주의 어머니 저희를 위하여 빌어 주소서.

지극히 지혜로우신 동정녀 저희를 위하여 빌어 주소서.

공경하올 동정녀 저희를 위하여 빌어 주소서.

찬송하올 동정녀 저희를 위하여 빌어 주소서.

든든한 힘이신 동정녀 저희를 위하여 빌어 주소서.

인자하신 동정녀 저희를 위하여 빌어 주소서.

성실하신 동정녀 저희를 위하여 빌어 주소서.

정의의 거울 저희를 위하여 빌어 주소서.

상지의 옥좌 저희를 위하여 빌어 주소서.

즐거움의 샘 저희를 위하여 빌어 주소서.

신비로운 그릇 저희를 위하여 빌어 주소서.

존경하올 그릇 저희를 위하여 빌어 주소서.

지극한 사랑의 그릇 저희를 위하여 빌어 주소서.

신비로운 장미 저희를 위하여 빌어 주소서.

다윗의 망대 저희를 위하여 빌어 주소서.

상아 탑 저희를 위하여 빌어 주소서.

황금 궁전 저희를 위하여 빌어 주소서.

계약의 궤 저희를 위하여 빌어 주소서.

하늘의 문 저희를 위하여 빌어 주소서.

샛별 저희를 위하여 빌어 주소서.

병자의 나음 저희를 위하여 빌어 주소서.

죄인의 피신처 저희를 위하여 빌어 주소서.

근심하는 이의 위안 저희를 위하여 빌어 주소서.

신자들의 도움 저희를 위하여 빌어 주소서.

천사의 모후 저희를 위하여 빌어 주소서.

성조의 모후 저희를 위하여 빌어 주소서.

예언자의 모후 저희를 위하여 빌어 주소서.

사도의 모후 저희를 위하여 빌어 주소서.

순교자의 모후 저희를 위하여 빌어 주소서.

증거자의 모후 저희를 위하여 빌어 주소서.

동정녀의 모후 저희를 위하여 빌어 주소서.

모든 성인의 모후 저희를 위하여 빌어 주소서.

원죄 없이 잉태되신 모후 저희를 위하여 빌어 주소서.

하늘에 올림을 받으신 모후 저희를 위하여 빌어 주소서.

묵주 기도의 모후 저희를 위하여 빌어 주소서.

가정의 모후 저희를 위하여 빌어 주소서.

평화의 모후 저희를 위하여 빌어 주소서.

하느님의 어린양, 세상의 죄를 없애시는 주님

저희를 용서하소서.

하느님의 어린양, 세상의 죄를 없애시는 주님

저희의 기도를 들어주소서.

하느님의 어린양, 세상의 죄를 없애시는 주님

자비를 베푸소서.

천주의 성모님, 저희를 위하여 빌어 주시어

그리스도께서 약속하신 영원한 생명을 얻게 하소서.

\+ 기도합시다.

주 하느님,

저희에게 은총을 베푸시고

복되신 평생 동정 마리아의 전구로

이 세상의 슬픔에서 벗어나

영원한 기쁨을 누리게 하소서.

우리 주 그리스도를 통하여 비나이다. 아멘.

9일 기도 마침 기도로 돌아간다.

빛의 신비 (목요일)

예수님의 유년 시절과 나자렛 생활에서 공생활로 넘어오면서 우리는 특별히 '빛의 신비'라 불리는 신비를 묵상하게 된다. 실제로 빛이신 그리스도의 모든 신비는 빛의 신비이다. 그분께서 '세상의 빛'(요한 8,12)이시기 때문이다. 이 신비들은 예수님, 그분 안에 이미 도달한 하느님 나라를 드러낸다.

1단 예수님께서 세례 받으심을 묵상합시다

그 무렵에 예수님께서 갈릴래아 나자렛에서 오시어, 요르단에서 요한에게 세례를 받으셨다. 그리고 물에서 올라오신 예수님께서는 곧 하늘이 갈라지며 성령께서 비둘기처럼 당신께 내려오시는 것을 보셨다. (마르 1,9-10)

성모님, 물과 성령으로 새로 난 당신의 자녀들이
제자들과 같이 당신 아드님의 말씀에 귀 기울이고
언제나 그의 사랑 안에서 살게 하소서.

2단 예수님께서 카나에서 첫 기적을 행하심을 묵상합시다

갈릴래아 카나에서 혼인 잔치가 있었는데, 예수님의 어머니도 거기에 계셨다. 예수님도 제자들과 함께 그 혼인 잔치에 초대를 받으셨다. 그런데 포도주가 떨어지자 예수님의 어머니가 예수님께 "포도주가 없구나." 하였다. 예수님께서 어머니에게 말씀하셨다. "여인이시여, 저에게 무엇을 바라십니까? 아직 저의 때가 오지 않았습니다." 그분의 어머니는 일꾼들에게 "무엇이든지 그가 시키는 대로 하여라." 하고 말하였다. (요한 2,1-5)

예수의 어머니 성모님,
당신 가슴에 모든 가정의 삶을 맡기나이다.
그들을 위해 사랑의 기적을 이루소서.
그들 삶에 기쁨의 포도주가 떨어지지 않게 하시고
서로를 만나고 들어주는 데 시간을 아끼지 않게 하소서.
성령이시여, 모든 부부들 안에
혼인성사 때 받은 은총이 다시 살아나게 하소서.

3단 예수님께서 하느님 나라를 선포하심을 묵상합시다

요한이 잡힌 뒤에 예수님께서는 갈릴래아에 가시어, 하느님의 복음을 선포하시며 이렇게 말씀하셨다. "때가 차서 하느님의 나라가 가까이 왔다. 회개하고 복음을 믿어라."(마르 1,14-15)

성모님, 예수님과의 관계가 더욱 튼튼하고 강해지도록
저희에게 충실함의 선물을 주시고,
모든 가정이 회개하라는 예수님의 초대에
기꺼이 응답하게 하소서.

9일 기도로 돌아간다.

4단 예수님께서 거룩하게 변모하심을 묵상합시다

예수님께서 베드로와 요한과 야고보를 데리고 기도하시러 산에 오르셨다. 예수님께서 기도하시는데, 그 얼굴 모습이 달라지고 의복은 하얗게 번쩍였다. (루카 9,28-29)

성모님, 모든 가정이 세상의 혼돈에서 멀리하려는 갈망을 갖게 하시어, 세상의 빛과 소금이 되라고 부르시는 예수님의 목소리를 듣게 하소서.

5단 예수님께서 성체성사를 세우심을 묵상합시다

그들이 음식을 먹고 있을 때에 예수님께서 빵을 들고 찬미를 드리신 다음, 그것을 떼어 제자들에게 주시며 말씀하셨다. "받아 먹어라. 이는 내 몸이다." 또 잔을 들어 감사를 드리신 다음 제자들에게 주시며 말씀하셨다. "모두 이 잔을 마셔라. 이는 죄를 용서해 주려고 많은 사람을 위하여 흘리는 내 계약의 피다."(마태 26,26-28)

성모님, 성체성사가 선익과 은총의 원천임을
모든 가정이 깨달을 수 있도록
저희를 위하여 전구하여 주소서.

성모 찬송과 성모 호칭 기도(134~139쪽)를 바친 후에
9일 기도 마침 기도로 돌아간다.

고통의 신비 (화요일, 금요일)

묵주 기도는 기도하는 이가 예수님의 수난을 마음의 눈으로 바라보고 기억하도록 수난의 몇몇 장면들을 선택하였다. 하느님께서는 사랑 때문에 "죽음에 이르기까지, 십자가 죽음에 이르기까지"(필리 2,8) 당신 자신을 낮추셨다. 고통의 신비는 성모님과 함께 십자가 아래에 서서 예수님의 죽음을 다시 기억하게 하고, 인간에 대한 하느님 사랑의 심연으로 스며들게 하며, 다시 나게 하는 힘을 느끼게 한다.

1단 예수님께서 우리를 위하여 피땀 흘리심을 묵상합시다

예수님께서 고뇌에 싸여 더욱 간절히 기도하시니, 땀이 핏방울처럼 되어 땅에 떨어졌다. (루카 22,44)

성모님, 모든 가정에 기도하고자 하는 열망을 키워 주소서.
그리하여 두려움과 고뇌의 어려운 순간들을 잘 이겨 내고,
기쁨이 찾아올 때는 당신께 찬양을 드리며 감사하게 하소서.

2단 예수님께서 우리를 위하여 매 맞으심을 묵상합시다

그리하여 빌라도는 예수님을 데려다가 군사들에게 채찍질을 하게 하였다. (요한 19,1)

거룩하신 동정녀시여, 저희를 위하여 빌어 주시어, 그리스도의 고통을 통하여 삶의 시련과 정신적 고통, 좌절, 비참 그리고 크고 작은 모욕들을 거룩함에 이르는 길로 받아들이게 하소서.

3단 예수님께서 우리를 위하여 가시관 쓰심을 묵상합시다

총독의 군사들이 예수님을 총독 관저로 데리고 가서 그분 둘레에 온 부대를 집합시킨 다음, 그분의 옷을 벗기고 진홍색 외투를 입혔다. 그리고 가시나무로 관을 엮어 그분 머리에 씌우고 오른손에 갈대를 들리고서는, 그분 앞에 무릎을 꿇고 "유다인들의 임금님, 만세!" 하며 조롱하였다. (마태 27,27-29)

모욕을 당하시고 가시관을 쓰신 예수님의 고통을 살아 내신 어머니, 가족들에게 받는 무시와 좌절을 받아들일 수 있도록 저희를 도우소서.

9일 기도로 돌아간다.

4단 예수님께서 우리를 위하여 십자가 지심을 묵상합시다

그리하여 빌라도는 예수님을 십자가에 못 박으라고 그들에게 넘겨주었다. 그들은 예수님을 넘겨받았다. 예수님께서는 몸소 십자가를 지시고 '해골 터'라는 곳으로 나가셨다. 그곳은 히브리 말로 골고타라고 한다. (요한 19,16-17)

고통의 어머니, 병고와 실업, 이별의 십자가를 지고 사는 가정들을 위하여 기도하나이다.

5단 예수님께서 우리를 위하여 십자가에 못 박혀 돌아가심을 묵상합시다

그 뒤에 이미 모든 일이 다 이루어졌음을 아신 예수님께서는 성경 말씀이 이루어지게 하시려고 "목마르다." 하고 말씀하셨다. 거기에는 신 포도주가 가득 담긴 그릇이 놓여 있었다. 그래서 사람들이 신 포도주를 듬뿍 적신 해면을 우슬초 가지에 꽂아 예수님의 입에 갖다 대었다. 예수님께서는 신 포도주를 드신 다음에 말씀하셨다. "다 이루어졌다." 이어서 고개를 숙이시며 숨을 거두셨다. (요한 19,28-30)

성모님, 십자가에 달리신 그리스도께서

저희의 마음을 넓혀 주시고,

저희의 삶이 밀알이 되게 하시어

회개와 거룩함의 풍성한 열매를 거두게 하소서.

성모 찬송과 성모 호칭 기도(134~139쪽)를 바친 후에
9일 기도 마침 기도로 돌아간다.

영광의 신비 (수요일, 주일)

그리스도의 얼굴을 바라본다고 할 때 우리는 그분의 십자가에 달리신 모습에만 머물 수는 없다. 주님께서는 부활하셨다! 처음부터 묵주 기도는 믿는 이들로 하여금 부활하시고 승천하신 그리스도의 영광을 바라보도록 그들을 수난의 어둠 저 건너편으로 초대하면서 부활에 대한 믿음을 표현해 왔다. 이렇듯 영광의 신비는 신자들 마음 안에 종말론적 목적지에 대한 희망을 키워 준다. 그곳을 향해 지상의 순례자인 하느님의 백성 모두가 걸어가고 있다.

1단 예수님께서 부활하심을 묵상합시다

그때에 천사가 여자들에게 말하였다. "두려워하지 마라. 너희가 십자가에 못 박히신 예수님을 찾는 줄을 나는 안다. 그분께서는 여기에 계시지 않는다. 말씀하신 대로 그분께서는 되살아나셨다."(마태 28,5-6)

성모님, 교회의 부부들이 그리스도의 부활을
기쁘게 증거하는 자들이 되게 하소서.

2단 예수님께서 승천하심을 묵상합시다

주 예수님께서는 제자들에게 말씀하신 다음 승천하시어 하느님 오른쪽에 앉으셨다. (마르 16,19)

성모님, 저희의 삶이 사랑의 선물이 될 수 있도록 가르치시고, 저희가 언제나 당신 아드님의 모습으로 변화되게 하소서.

3단 예수님께서 성령을 보내심을 묵상합시다

그리고 불꽃 모양의 혀들이 나타나 갈라지면서 각 사람 위에 내려앉았다. 그러자 그들은 모두 성령으로 가득 차, 성령께서 표현의 능력을 주시는 대로 다른 언어들로 말하기 시작하였다. (사도 2,3-4)

성모님, 저희로 하여금 가정 안에서, 친구들 사이에서 그리고 일터에서 거룩함의 증인이 되게 하소서.

9일 기도로 돌아간다.

4단 예수님께서 마리아를 하늘에 불러올리심을 묵상합시다

"전능하신 분께서 나에게 큰일을 하셨기 때문입니다. 그분의 이름은 거룩하십니다."(루카 1,49)

주님, 당신 어머니의 몸과 영혼을 맞아들이셨으니,
모든 가정이 영원한 생명을 더욱 바라게 하소서.

5단 예수님께서 마리아께 천상 모후의 관을 씌우심을 묵상합시다.

그리고 하늘에 큰 표징이 나타났습니다. 태양을 입고 발밑에 달을 두고 머리에 열두 개 별로 된 관을 쓴 여인이 나타난 것입니다.(묵시 12,1)

성모님, 모든 가정이 평화와 믿음의 선물을 받도록 전구해 주소서.

성모 찬송과 성모 호칭 기도(134~139쪽)를 바친 후에
9일 기도 마침 기도로 돌아간다.